MICHAEL SCHAPER, Chefredakteur

Liebe Leserin, lieber Leser

Der mittelalterliche Ritter ist bis heute ein Faszinosum. Zahllose Geschichten ranken sich um den furchtlosen Adelskrieger, der hoch zu Ross und gewandet in einen Eisenharnisch den Kampf suchte; um den draufgängerischen Turnierstreiter im Lanzenduell, galanten Kavalier – und den ebenso frommen wie erbarmungslosen Fechter im Zeichen des Kreuzes.

Doch viele dieser Bilder sind entweder geschönt oder geschwärzt, manche sind Mythen, andere bloße Märchen.

Da ist zunächst die Rüstung, angeblich so starr und schwer, dass ihr Träger, einmal vom Pferd gestoßen, hilflos auf dem Rücken liegen blieb. Abgesehen davon, dass im größten Teil des Mittelalters das Kettenhemd der übliche Schutz der Reiterkrieger gewesen ist: Die Plattenharnische waren das Werk hochspezialisierter Schmiede, die dem Kämpfer die aus zahlreichen Einzelteilen gefertigten Panzer auf den Leib schneiderten. Und das bedeutet: Ein Ritter konnte in der Rüstung, die höchst flexibel war, sogar einen Purzelbaum schlagen.

Zudem wäre sein Fall vom Pferd nicht allzu tief gewesen, lag doch das Stockmaß der Schlachtrösser bei 140 Zentimetern (und entsprach damit dem eines heutigen Haflingerponys).

Oder das Lanzenduell: Der Kampf zweier Berittener, die auf ihren Pferden aufeinander zurasen, wurde erst um 1250 wichtig. Vorher war das Turnier in der Regel die Simulation einer Schlacht von zwei Armeen, manchmal Tausende Mann stark, mit scharfen Waffen.

Bereits den Zeitgenossen fiel die Diskrepanz zwischen hehrem Ritterideal und brutaler Wirklichkeit auf. So klagte der französische Dichter Petrus von Blois: „Früher verpflichteten sich Ritter durch das Band des Eides dazu, für die öffentliche Ordnung einzutreten und ihr Leben für das allgemeine Wohl hinzugeben. Diese Sache hat sich ins Gegenteil verkehrt. Sobald sie mit dem Rittergürtel geschmückt sind, plündern und berauben sie die Diener Christi und unterdrücken erbarmungslos die Armen. Sie geben sich dem Nichtstun und der Trunkenheit hin, sie schänden den Namen und die Pflichten des Rittertums."

Und was das Idealbild der Hohen Minne angeht, so berichtete Geoffrey IV. de la Tour Landry, selbst ein Ritter, er und seine Freunde hätten als junge Männer die Damen mit Schmeicheleien und falschen Eiden betrogen, „denn überall, wo es nur ging, wollten sie ihr Vergnügen haben".

Ebenso unzutreffend ist allerdings das zuweilen verbreitete Bild des Ritters als tumber Schlagetot, angetrieben von unaufhörlicher Streitlust. So weisen Historiker darauf hin, dass im späten Mittelalter einige innovative Edelleute ihre wirtschaftliche Basis klug zu erweitern begannen. Denn das Leben eines adeligen Herrn war teuer – etwa eine Burg zu bauen, auszustatten und zu unterhalten, die immer kostspieligeren Rüstungen, die teuren Pferde, die aufwendigen Feste.

Wer seinen Standard aufrechterhalten wollte, musste Unternehmer werden, zum Beispiel als gewinnorientierter Großgrundbesitzer. Und so überließen jene, die dabei besonders erfolgreich waren, das Kämpfen mehr und mehr angeheuerten Söldnern – oder armen Standesgenossen, die nichts als ihre Kampfkraft zu verkaufen hatten.

In diesem Heft rekonstruieren wir die wirkliche Welt der Ritter; erzählen von Fehden, Schlachten und Turnieren, wie sie tatsächlich stattgefunden haben. Von Burgen, edlen Recken, aber auch hochgerüsteten Schurken. Von treuen Dienern ihrer Lehnsherren, aber auch von Kriegsunternehmern, die ihre Dienste dem Höchstbietenden offerierten.

Die ganze Geschichte – in GEO*EPOCHE*.

Herzlich Ihr

TURNIER
Im Wettstreit können die Recken größten Ruhm erringen – und durch Siege reich werden.
SEITE 56

KAMPF
Im Sommer 1214 treffen zwei mächtige Ritterheere aufeinander: zur Entscheidungsschlacht über das Schicksal Europas.
SEITE 24

KRIEGSUNTERNEHMER
Kein Söldnerführer versteht sein Geschäft besser als der Italiener Federico da Montefeltro.
SEITE 118

RÜSTUNGEN
Nahezu undurchdringliche Eisenharnische werden ab 1400 zum Kennzeichen des Rittertums.
SEITE 108

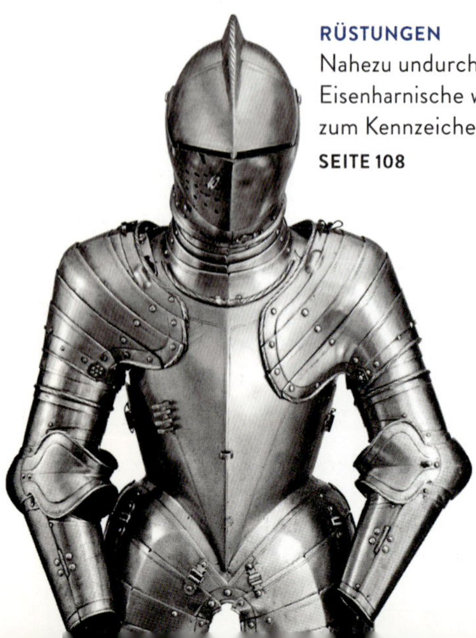

FRAUENBILD
Verherrlicht durch die Minne, von der Kirche verdammt: In der Männerwelt der Ritter ist die Frau nur Objekt.
SEITE 84

Sie erreichen die GEO*EPOCHE*-Redaktion online auf Facebook oder unter *www.geo-epoche.de*

Nr. 94

Inhalt

Die Welt der Ritter

♦ *Die mit diesem Symbol versehenen Beiträge finden Sie auch links bebildert*

BURGEN
Überall in Europa lassen Ritter Bastionen errichten. Sie dienen als Festungen – aber auch als Symbole ihrer Macht.
SEITE 8

HOFLEBEN
Ritterliche Ideale und Regeln bestimmen den Alltag an den Fürstenhöfen. Den prachtvollsten von allen unterhält der Herzog von Burgund.
SEITE 132

Die Zeit der RITTER

Im christlichen Abendland entsteht vom 11. Jahrhundert an eine einzigartige Elite: Die Ritter prägen Europas Krieg, Politik und Kultur

TEXT: *Jens-Rainer Berg;* **KARTE:** *Stefanie Peters*

Das Europa des Mittelalters ist auf den ersten Blick vor allem ein Kontinent der großen Königshäuser und Fürstendynastien. Tatsächlich aber ist Macht in den Landen zwischen Portugal und Schweden, Schottland und Italien undenkbar ohne die Ritter. Denn als Kriegerelite sind die gepanzerten Reiter mit Lanze, Schwert und Schild stets entscheidend beteiligt, wenn Herrscher ihre Einflussbereiche militärisch ausweiten oder behaupten. Zudem prägt der Ritterstand auch das politische Gefüge des Kontinents – und wird umgekehrt durch die Machtverhältnisse geformt.

Fast alle Monarchien des hohen und späten Mittelalters, darunter England, Frankreich und das Heilige Römische Reich, stützen sich auf die Durchschlagskraft ihrer Reiterkrieger. Und so gut wie jeder Herrscher verfügt über ein ritterliches Gefolge, das er in Kriegszeiten zum Dienst heranziehen kann.

Aber auch im Frieden ist die Rolle der Kämpfer zentral: Die Ritter eines Königs oder Fürsten beherrschen und verwalten als adelige Gefolgsleute ihrer Oberherren einen großen Teil der Territorien, haben wiederum eigene, niedere Ritter um sich, die die Herrschaft bis ins kleinste Dorf tragen.

Ein Netz von Burgen, Stützpunkten dieser Macht, zieht sich über den Kontinent. An den Fürstenhöfen bestimmen die Krieger außerdem Kultur und Zeremoniell der Reiche mit.

Der Schwerpunkt des Rittertums liegt in Frankreich, dem Ursprungsland des Kriegerstandes. Von dort aus verbreitet es sich vom 11. Jahrhundert an nach England, ins Heilige Römische Reich sowie auf die Iberische Halbinsel. Im Nordosten des Kontinents gründen ritterliche Ordenskrieger sogar einen eigenen Staat.

Obwohl die Ritter meist eng mit ihrem Land und ihrem Oberherrn verbunden sind, halten sie auch über die Grenzen der jeweiligen Reiche hinweg Kontakt, teilen die gleichen Ideale – Werte wie Tapferkeit, Treue und Großzügigkeit –, treffen sich auf Turnieren und entwickeln dabei so etwas wie eine internationale Kriegeridentität. Viele von ihnen ziehen gemeinsam auf Kreuzzüge.

So ist das Rittertum nicht nur ein entscheidender Faktor in den Reichen – sondern eine wahrhaft europäische Macht. ◊

GROSSE MÄCHTE bestimmen das Mittelalter, doch ohne Ritter könnten sie nicht bestehen: Die prägen die Kämpfe zwischen Frankreich und dem Heiligen Römischen Reich, zwischen den Erzfeinden England und Frankreich, zwischen Christen und Muslimen in Spanien. Doch auch im Frieden sind die Ritter bedeutend: Sie stützen in fast allen Reichen des Kontinents als treue Vasallen die Macht ihres jeweiligen Königs

1000–1500

Burgen und Festungen

Von MACHT und GEWALT

Aus einer Elite rauer Reiterkrieger entwickelt sich vom 11. Jahrhundert an nach und nach eine ganz besondere Adelskaste: die der Ritter. Überall in Europa entscheiden diese Kämpfer Schlachten, gebieten über Territorien, prägen mit ihrem Ehrenkodex Hof und Gesellschaft. Und sie errichten Burgen – Garanten und Zeichen ihrer Herrschaft **BILDTEXTE:** *Samuel Rieth und Jens-Rainer Berg*

NACH SCHOTTLAND gelangt das Rittertum um das Jahr 1100. Kurz darauf verschreibt sich der dortige König David I. selbst den Idealen des Standes. Die Burgen in den Highlands, hier Eilean Donan Castle, dienen später auch zur Verteidigung gegen den Erzfeind: die englischen Oberherren aus dem Süden

UM DEN BÜRGERN der Stadt Gent seine Macht zu demonstrieren, lässt der Graf von Flandern ab 1180 Burg Gravensteen errichten. Er ist gerade aus dem Heiligen Land zurückgekehrt – und empfindet den Bau einer dortigen Kreuzritterfestung nach

ZEUGNIS der DOMINANZ

Festungen sind nicht nur Wehrbauten – sondern auch Ausdruck von Herrschaftsansprüchen. Ursprünglich besaß oft nur der König das Recht, sie zu bauen. Nun zeigen gerade die Ritter mit Burgen weithin ihr wachsendes Selbstbewusstsein

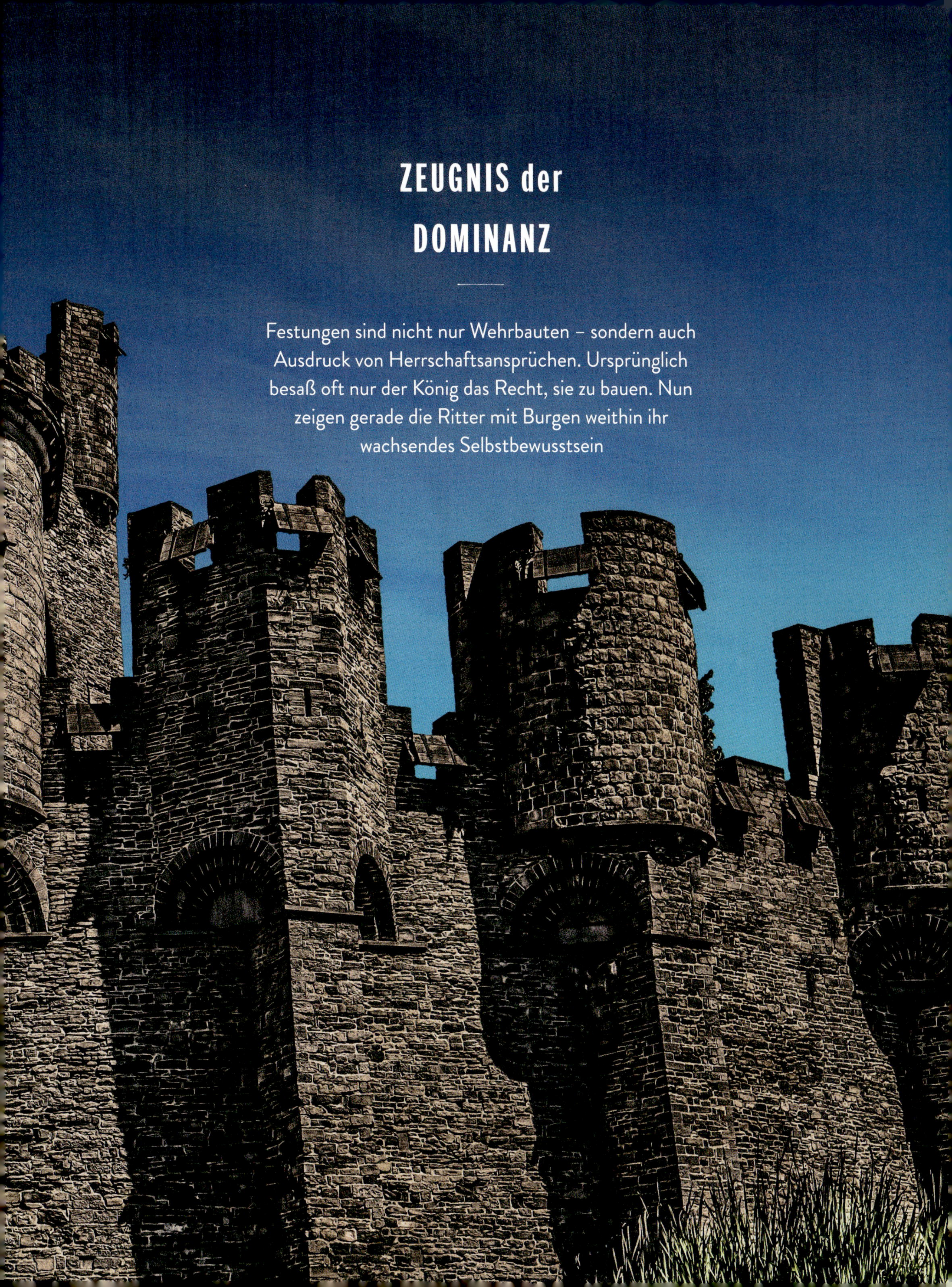

DICHT STEHEN die Bauten der Festung Menthon-Saint-Bernard auf der Kuppe eines schmalen Hügels nahe den Alpen. Seit etwa 1150 ist das Bollwerk durchgehend im Besitz einer mächtigen französischen Adelsfamilie – bis heute

Von GENERATION zu GENERATION

Die Bastionen werden zu Stammsitzen von Familien, übergeben vom Vater an den Sohn, und sie sind fast immer Schöpfungen mehrerer Jahrhunderte. Neue Burgherren fügen den Festungsanlagen neue Gebäude hinzu – und lassen sie so zum echten Gesamtwerk einer Sippe reifen

DIE BEFESTIGUNGEN der Stadt Carcassonne in Okzitanien zählen zu den wehrhaftesten Europas. Gerade hier im französischen Süden werden die Menschen oft von den Fehdekriegen der Ritter bedroht

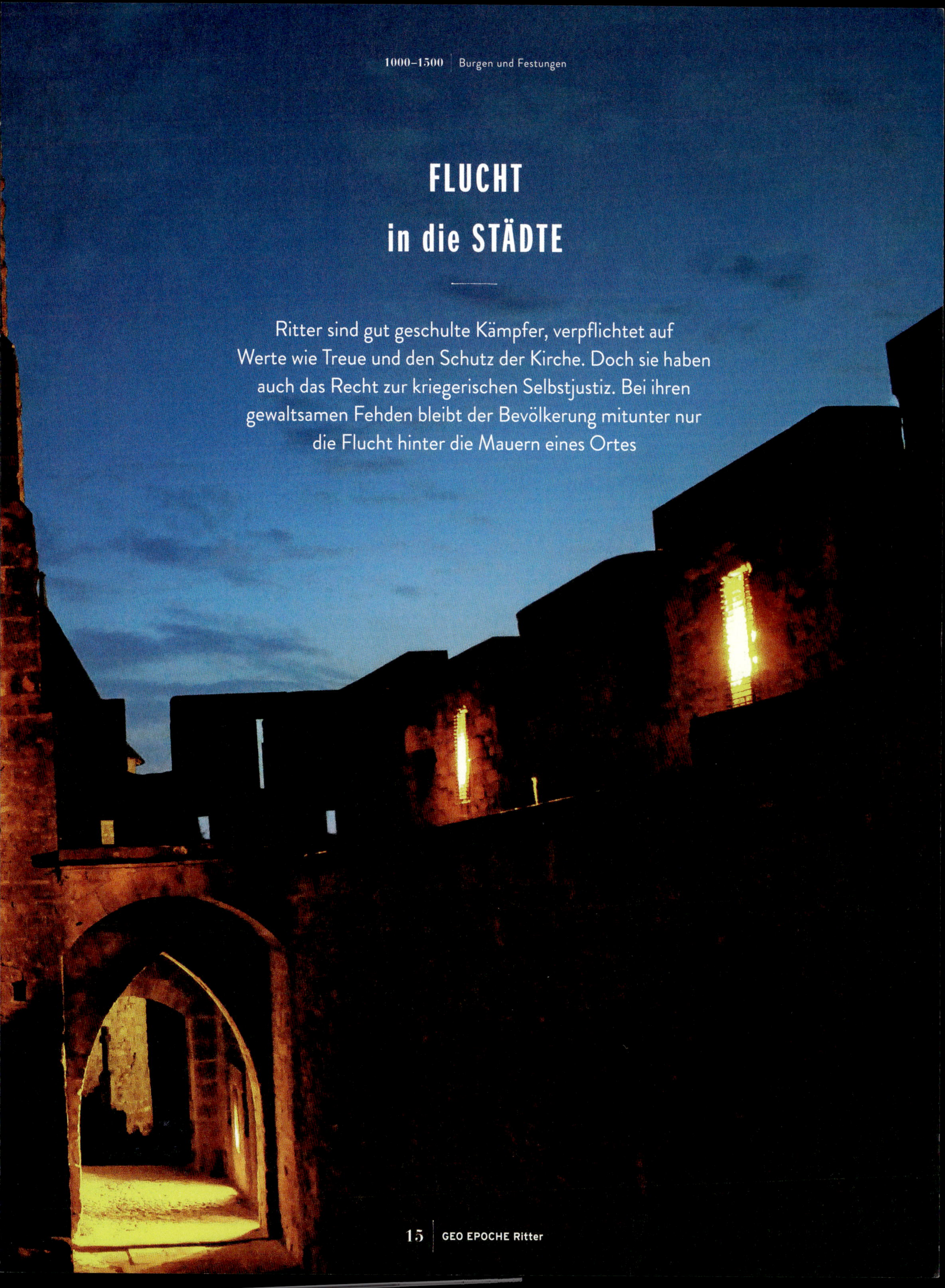

FLUCHT in die STÄDTE

Ritter sind gut geschulte Kämpfer, verpflichtet auf Werte wie Treue und den Schutz der Kirche. Doch sie haben auch das Recht zur kriegerischen Selbstjustiz. Bei ihren gewaltsamen Fehden bleibt der Bevölkerung mitunter nur die Flucht hinter die Mauern eines Ortes

Im DIENSTE eines hohen HERRN

Als Vasallen einflussreicher Fürsten sind Ritter auch politische Akteure. Auf Geheiß ihres Herrn ziehen sie in den Krieg, wahren von ihren Burgen aus die Ordnung des Reiches. Und werden zuweilen in blutige Machtkämpfe mächtiger Dynastien verstrickt

EIN BREITER WASSERGRABEN schützt das um 1390 erbaute Bodiam Castle in Südengland. Dennoch wird es 1483 erobert, als der Burgherr zwischen die Fronten rivalisierender Adelshäuser gerät, die um die Königsmacht ringen

Die SCHWÄCHE im INNEREN

So raffiniert ist die Konstruktion vieler Festungen, dass es lange kaum möglich ist, sie von außen im Kampf einzunehmen. Sturmangriffe sind aufwendig und selten. Und so verliert eine Burgbesatzung oft erst nach langer Belagerung: durch Kapitulation

EINE DOPPELTE MAUER, bewehrt mit 52 Türmen, windet sich rund anderthalb Kilometer um Carcassonne. Dennoch wird sie bezwungen: Als 1209 ein Ritterheer die Stadt im Namen des Papstes belagert, weil sie angebliche Ketzer schützt, öffnen die Eingeschlossenen schließlich die Tore

BASTION des NORDENS

Viele hohe Kleriker des Mittelalters sind zugleich weltliche Fürsten, die über eigene Truppen und Territorien verfügen und zu deren Schutz Festungen errichten lassen. So auch in Skandinavien, wohin das Rittertum erst im 13. Jahrhundert vordringt

WUCHTIG ERHEBT SICH auf der Ostseeinsel Bornholm der Wohnturm von Hammershus, einer der größten mittelalterlichen Festungen Nordeuropas. Die Burg an strategisch wichtiger Stelle haben die Erzbischöfe von Lund um 1250 errichten lassen

RELIKTE alter GRÖSSE

Da viele Burgen gegen Kanonen nicht bestehen können, verlieren sie um 1500 ihre militärische Bedeutung – die Ära der Panzerreiter neigt sich ihrem Ende zu. Doch Zehntausende Festungen überdauern bis in die Gegenwart: als steinernes Vermächtnis der Ritter

BISCHÖFE, RITTER, FÜRSTEN.
Die vor gut 1000 Jahren erbaute Burg Bled in Slowenien hat im Lauf der Zeit viele Herren: Erst gehört sie einem Bistum, wird 1236 an einen Herzog abgetreten, dann von einem Grafen besetzt ◊

Das LEBEN als KAMPF

Zwei der größten Heere ihrer Zeit treffen an einem Tag des Sommers 1214 bei einer Brücke in Flandern aufeinander. Die Elite der Armeen bilden schwer gepanzerte Reiterkrieger, die einem strengen Ehrenkodex verpflichtet sind: die Ritter. Sie entscheiden in dieser Schlacht über das Schicksal Europas. Und werden über Jahrhunderte den Adel des Kontinents prägen

MIT LANZE UND SCHWERT bestürmen die Ritter zweier Streitmächte einander. Obwohl sie Gegner sind, sehen sich die Kämpfer als Angehörige der gleichen Kriegerelite

E

TEXT: *Mathias Mesenhöller*

RITTERSCHLACHTEN
Über mehrere Jahrhunderte hinweg bestimmen die gepanzerten Reiterkrieger das Kampfgeschehen in Europa.

1066, HASTINGS
Der Normanne Wilhelm triumphiert mit rund 10 000 Kämpfern – darunter zahlreichen Rittern – über die Engländer und erhebt sich kurz darauf zu deren König.

1099, JERUSALEM
Rund 1300 Ritter und 12 000 Fußkämpfer erobern die Heilige Stadt von den Muslimen. Im Zuge des Ersten Kreuzzugs entstehen in der Levante vier Kreuzfahrerstaaten.

Es ist der 27. Juli 1214. Eisen klirrt gegen Eisen. Leder knarrt und schabt, hundertfaches Stapfen und Schlurfen: Nahe dem flämischen Dörfchen Bouvines queren Tausende Soldaten eine Brücke über das sumpfige Flusstal der Marque. Gleißend brennt die Mittagssonne über den Kämpfern.

Erschöpft lässt sich einer der Männer, ein Ritter in eiserner Rüstung, im Schatten einer Esche nieder und legt den schweren, drückenden Körperschutz ab. Er ist 48 Jahre alt, längst nicht mehr jung, aber immer noch ehrgeizig, hart und zäh. Sieggewohnt wie nur wenige Männer seiner Zeit, rühmt er sich, die besten und edelsten Kämpfer des Abendlandes anzuführen.

Es ist Philipp II., König von Frankreich.

Der Monarch tunkt ein Stück Brot in etwas Wein. Sein Blick geht wohl über die schartigen Panzer seiner Mitkämpfer, der Vasallen, deren Schwerter und Lanzen, Wappen und Pferdedecken. In der Ferne sind Wälder zu erkennen. Dort sichert seine Nachhut das französische Heer. Zwischen dem Waldsaum und der Esche liegt eine Ebene aus halb abgeernteten Getreidefeldern.

Gutes Terrain für eine Schlacht seiner 1200 Ritter gegen die Truppen des Gegners, der ihm irgendwo dort in den Wäldern folgt.

Aber König Philipp will nicht kämpfen. Nicht hier, mit dem Rücken zum Fluss. Nicht heute, am heiligen Sonntag. Nicht ehe er weiß, wie stark das Heer seines Gegners ist: die Armee des römisch-deutschen Kaisers Otto IV.

Der hat sich mit dem König von England und zwei von Philipp abgefallenen Grafen (aus Flandern und der Boulogne) verbündet, um den Franzosen zu stürzen und dessen Reich unter sich und den eigenen Gefolgsleuten aufzuteilen.

Der größere Teil der französischen Truppen, vor allem das Fußvolk von rund 5000 Mann, hat bereits die Brücke überquert und errichtet auf dem anderen Ufer gerade ein Lager. Bratenduft steigt empor; aus dem Rauch der Kochfeuer dringt Husten, das Lachen und Rufen von Mägden und Prostituierten, wie sie jedem Heer folgen.

Da tauchen auf der Ebene Reiter auf, nähern sich rasch und mit großem Geschrei.* Es sind Boten der französischen Nachhut: Soldaten des Kaisers, so rufen sie, hätten sie angegriffen.

Der Feind bricht den Sonntagsfrieden!

Philipp zögert. Noch kann er über den Fluss ausweichen – eine Schlacht ist ein unberechenbares Wagnis. Sollte es aber zum Kampf kommen, liegt dessen Ausgang in den Händen seiner Ritter. Denn die Berufskrieger bilden die schlagkräftigsten Truppen. Auf beiden Seiten.

Philipp weiß, was seine adeligen Kämpfer von ihm erwarten. Sie brennen auf die Schlacht. Dafür sind sie ausgebildet worden, darauf haben sie ihr Leben lang gehofft: sich gegen ihresgleichen auszuzeichnen (und auch Beute zu machen).

Hoffnungsvoll schauen sie ihren König an.

°

DIE GESCHICHTE DER RITTER beginnt rund 450 Jahre zuvor im Frankenreich, dem mächtigsten der germanischen Imperien, die aus dem Zusammenbruch Roms hervorgegangen sind.

Das Fränkische Reich erstreckt sich von den Pyrenäen bis zum Harz. Es hat wenige Straßen, schwache Städte. Um es zu verteidigen, gewinnen bald Reiter an Bedeutung, die weite Strecken schnell überwinden, schwere Waffen tragen und

* Die Ereignisse dieses Tages sind in mehreren Quellen überliefert, deren Widersprüche die Forschung bisher nicht völlig ausräumen konnte. GEO*EPOCHE* rekonstruiert einen wahrscheinlichen Ablauf nach der jeweils plausibelsten Version.

BOUVINES, 1214

IN FLANDERN ringen der französische König und der römisch-deutsche Kaiser am 27. Juli 1214 um den Sieg – mit insgesamt mehr als 12 000 Kämpfern

damit aus einer erhöhten Position kämpfen. Zwar vermag eine dicht geschlossene Schlachtreihe gut gerüsteter Infanterie fast jeden Reiterangriff abzuwehren. Doch brauchen die Fußsoldaten dazu Können, Disziplin und Selbstbewusstsein – sowie tiefsitzendes gegenseitiges Vertrauen, das nur nach jahrelangem, gemeinsamem Training entsteht, wie es in den Armeen der Antike üblich war.

Nun aber, um das Jahr 750, bestehen die meisten Heere nur aus verstreut siedelnden, von Fall zu Fall einberufenen Stammeskriegern. Und diese Haufen haben den fränkischen Reitern wenig entgegenzusetzen – zumal die zunehmend in Lederrüstungen mit eisernen Schuppen oder mit Panzern aus geflochtenen Eisenringen antreten.

Vermutlich steigert noch eine weitere technische Neuerung ihre Kampfkraft: der Steigbügel. Er gibt dem Reiter einen festeren Halt, erlaubt ihm wuchtigere Hiebe und Stiche.

Indes ist Eisen knapp und wertvoll, seine Verarbeitung zu Waffen das Werk hochbezahlter Spezialisten. Die Ausrüstung eines Kämpfers mit Pferd, Helm, Panzer, Lanze, Schild und Schwert kostet den Gegenwert von 20 Kühen oder mehr. Zudem verbraucht ein Reitpferd täglich so viel Getreide wie fünf Menschen.

Einen solchen Aufwand können sich nur wenige leisten, vor allem Adelige und wohlhabende Grundbesitzer. Deshalb weisen die fränkischen Könige einer wachsenden Zahl kriegstüchtiger Männer Ländereien samt Bauern zu, deren Arbeit und Erträge den Kämpfern Pferd, Rüstung und Unterhalt sichern. Die Inhaber dieser Lehen, die Vasallen, schulden dem König dafür Treue, Rat und Heerfolge.

Zwar müssen die Panzerreiter ihren Besitz selbst verwalten. Ansonsten aber sind sie frei für den Waffendienst, das Training mit Schwert und anderem Gerät. Mit der Zeit entsteht so eine neue, professionelle Kriegerschicht, während die Bauern bald gar keine Waffen mehr tragen dürfen.

Als das Fränkische Reich im 9. Jahrhundert auseinanderbricht, befehden sich örtliche Machthaber und fallen übereinander her. Mordend, raubend, vergewaltigend werden die Panzerreiter zur Geißel der einfachen Leute. Selbst Klöster und Kirchenland verschonen sie nicht.

Daraufhin belegen hohe Geistliche die Gewalttäter zunehmend mit Kirchenstrafen. Bischöfe exkommunizieren Plünderer, schließen sie vom Abendmahl aus, verwehren ihnen ein christliches Begräbnis und damit das Himmelreich. Der Klerus besteht auf der Schonung Wehrloser sowie sakraler Orte und erwartet zudem eine Waffenruhe an Sonntagen und hohen Kirchenfesten.

Die Kleriker berufen sich dabei auf die göttliche Ordnung, die Krieger, Bauern sowie Geistliche scharf voneinander trennt: Die Priester sind für das Seelenheil der Menschen verantwortlich, die Bauern sorgen für die Ernährung und die Krieger für den Schutz aller.

Nur als Beschützer der Schwachen steht den Kämpfern der Waffengebrauch zu; dagegen erregt ungerechtes Plündern und Morden den heiligen Zorn Gottes.

PHILIPP II., König von Frankreich, muss sein Reich gegen Otto IV. verteidigen – und ist wie sein Widersacher auch selbst ein Ritter

OTTO IV., seit 1209 römisch-deutscher Kaiser, greift Philipps Truppen an – obwohl am heiligen Sonntag Waffenruhe gilt

1204, KONSTANTINOPEL
Truppen des Vierten Kreuzzuges plündern die Hauptstadt des christlichen Reiches von Byzanz. Erstmals kämpfen Kreuzritter in großem Stil gegen Glaubensbrüder.

1212, LAS NAVAS DE TOLOSA
In Spanien treffen mindestens 60 000 Christen auf ebenso viele Muslime – und erringen den Sieg in der größten Schlacht der Epoche.

1278, DÜRNKRUT UND JEDENSPEIGEN
Mit dem Triumph seiner Ritter über die Böhmen legt Rudolf I. von Habsburg in Österreich den Grundstein für den Aufstieg seiner Dynastie.

Im frühen 11. Jahrhundert übernehmen weltliche Fürsten in den französischen Landen diese Gedanken und verknüpfen sie mit adeligen Ehrbegriffen. Fortan wollen sie nur noch solche Waffentaten rühmen, wie sie die Kirche gutheißt.

Zum edelsten Kampf wird schon bald der Heilige Krieg: der Kreuzzug gegen die Heiden. Er gilt als wahrhaft gerecht, als die höchste Bewährung eines Panzerreiters und der eigentliche Grund, weshalb Gott die Elitestreiter liebt und sie mit der Aussicht aufs Himmelreich belohnt.

Damit ist ein neues Ideal in der Welt: das des Ritters, des christlichen Reiterkriegers, der festgelegt ist auf einen Ehrenkodex und Schranken der Gewalt. Dieses Ideal wird nun sogar zu einem Leitbild des Adels.

Um das Jahr 1100 verbreitet sich eine neue Kampftechnik, der Stoß mit der schweren Lanze. Zwar führten die Ritter schon lange Spieße und Speere mit, zum Stechen oder Werfen. Doch die neuen Lanzen sind länger, dicker – und taugen nur dazu, aus vollem Galopp in den Gegner gerammt zu werden.

Aber der Lanzenstoß ist eine hohe Kunst. Der Ritter muss die schwere Waffe beim Anga-

VON IHRER JUGEND AN üben sich Ritter in der Kriegskunst, um sich dann mit anderen Panzerreitern zu messen – auf dem Schlachtfeld oder wie hier bei Turnieren

lopp senkrecht halten, im richtigen Moment senken, unter der Achsel stabilisieren und diagonal über den Hals des Pferdes zielen – hielte er sie parallel zum Körper des Tieres, könnte ihm der Aufprall den Arm wegreißen.

Die Füße stemmt er dabei fest in die Steigbügel, nach hinten sichert ihn eine Art Sattellehne. Kurz vor dem Zusammenprall mit einem Gegner beugt er sich leicht vor und versucht zugleich, den Stoß des Kontrahenten mit einem dreieckigen Schild abzulenken.

Die Pferde müssen für die Art des Kampfes speziell gezüchtet und abgerichtet werden und sind viel zu kostbar, um sie sonst noch einzusetzen. Also braucht ein Ritter stets ein weiteres Reitpferd für den Marsch, zudem ein Packpferd sowie ein Reittier für mindestens einen Diener.

Panzerreiter, deren Landgut all diese Ausgaben nicht finanzieren kann, werden zu Gefolgsleuten eines reichen Herrn, der sie unterstützt.

Wer es eben vermag, gibt seine Söhne für einige Lehrjahre an einen Hof oder zu einem verwandten Standesgenossen. Dort erlernt der Jüngling jene Fertigkeiten, die ein Ritter seit der Verbindung von Adel und Kriegertum beherrschen sollte: den Kampf mit Lanze und Schwert, zu Pferd und zu Fuß, Stehvermögen, Härte und Ehrgeiz – aber auch Frömmigkeit, Ehrlichkeit und Treue, Selbstbeherrschung und heitere Anmut, die Jagd mit Hunden und Beizvögeln, einen Sinn für feine Kleidung, für Musik und Dichtung.

Und er hört Geschichten von vorbildlichen Recken oder liest sie selbst: Die Ritterromane, die nun entstehen, tragen entscheidend dazu bei, das neue Ideal zu verbreiten und in die Herzen und Köpfe der Heranwachsenden zu pflanzen.

Zu einem geeigneten Zeitpunkt werden die jungen Männer dann förmlich zum Ritter erhoben. In einer feierlichen Zeremonie erhalten sie von ihrem Vater, einem Onkel oder fürstlichen Herrn das eigene Schwert und ihre Sporen, an denen man sie fortan als Ritter erkennen wird. Sowie mancherorts eine Ohrfeige: die letzte in ihrem Leben, die sie nicht erwidern dürfen.

Meist findet diese Schwertleite an hohen Feiertagen statt; kann die Familie es bezahlen, folgt ein großes Fest mit Bankett, Gauklern und Musikanten. Oft werden gemeinsam mit dem Spross eines hohen Adeligen auch weniger bemittelte Söhne aus dessen Gefolge erhoben.

Denn die Ritterschaft verbindet Kämpfer aller Ränge, vom Monarchen bis zum einfachen Gefolgsmann. Zwar genügt die Ausbildung nicht immer dem hohen Ideal – manch einer lernt kaum mehr als das Waffenhandwerk und erbt vom Vater gerade einmal die geflickte Rüstung. Dennoch darf er den Respekt seiner ritterlichen

Der **KAISER** zwingt seinen **RIVALEN** zur Schlacht

1291, AKKON
Im Heiligen Land geht der letzte große Stützpunkt der Kreuzritter verloren. Zwar gibt es weiterhin Kämpfe zwischen Christen und Muslimen, aber nie wieder einen Kreuzzug in die Levante.

1322, MÜHLDORF
Aus der letzten großen Ritterschlacht, die ohne Feuerwaffen ausgefochten wird, geht Ludwig der Bayer als Sieger hervor – und wird Kaiser.

1346, CRÉCY
In einer der größten Schlachten des Hundertjährigen Krieges verhelfen die den französischen Rittern überlegenen Langbogenschützen England zum Sieg.

Gefährten wie auch den seiner Gegner erwarten sowie die Ehrerbietung der einfachen Leute.

Und das nicht nur im eigenen Land: Von Frankreich aus verbreitet sich das Rittertum in weiten Teilen Europas. Eine internationale Kriegerkaste mit gemeinsamem Korpsgeist entsteht.

Zwar gibt es regionale Eigenheiten; so bilden etwa deutsche Lehnsherren auch tüchtige Dienstleute zu Panzerreitern aus und lassen sie ein Leben wie die Ritter führen. Gleichwohl bleibt es ein elitärer Kreis, und selbst die mächtigsten Herrscher können nur wenige Tausend dieser Kämpfer aufbieten. Umso sorgsamer gehen sie mit der kostbaren Truppe um, meiden insbesondere offene Feldschlachten.

VIELE RITTER sind nicht nur Kämpfer, sondern auch Verwalter: Sie erhalten Ländereien und unfreie Bauern von einem Lehnsherrn, dem sie dafür Treue schulden

Denn der Ausgang einer Schlacht ist nicht vorherzusehen, es ist ein Spiel um alles oder nichts. Von den Vorfahren Philipps II. hat sich nur einer je auf eine große Ritterschlacht gegen einen anderen König eingelassen, Anfang des 12. Jahrhunderts gegen Heinrich I. von England – und verloren. Alle anderen setzen die gepanzerte Elite lieber für Plünderzüge ein, fortwährenden Kleinkrieg, taktische Manöver.

In Friedenszeiten bemannen Ritter die herrschaftlichen Burgen, treiben Abgaben ein, halten die Untertanen unter Kontrolle. Als Lehnsmänner verwalten sie ihren Besitz, sprechen Recht. Im Gefolge eines Königs oder Herzogs bevölkern sie dessen Hof, sind Ratgeber mit dem Recht, gehört zu werden.

Doch vor allem sind sie Berufskrieger und brennen auf den Kampf. Er ist ihr Lebensziel.

°

UNTER DEN GEFOLGSLEUTEN Philipps II. verbreitet sich bei Bouvines freudige Erregung, als deutlich wird, wie nah der Kaiser und seine Verbündeten bereits herangerückt sind und dass der Gegner es offenkundig auf eine Schlacht anlegt.

Vermutlich sammelt Philipp jetzt seine mächtigsten Vasallen um sich: Kein König ist gut

DIE SCHWERTLEITE wird häufig mit einem festlichen Bankett zelebriert. Bei diesem feierlichen Ritual erhalten ausgewählte junge Männer die Ritterwürde – und ihr eigenes Schwert

DIE JAGD, wie hier mit Falken und Hunden, ist eine Passion der Ritter: zur Ertüchtigung und als Mutprobe. Der einfachen Bevölkerung hingegen ist sie fast überall streng verboten

beraten, einen Kampf ohne Abstimmung mit seinen Großen anzuordnen. Doch im Grunde gibt es nicht mehr viel zu entscheiden. Setzen sich die Franzosen weiter über die enge Brücke ab, werden sie es kaum alle schaffen, müssen Männer und Material zurückbleiben, dem Feind zur Beute. Vor allem aber würde dies Schande und Schmach über Philipp II. und seine Getreuen bringen.

Der König entscheidet nun so, wie es seine Männer von ihm erwarten. Er ruft zum Kampf.

Schnell eilt er in eine am Wegesrand gelegene Kapelle, rechtfertigt sich vor Gott, spricht ein kurzes Gebet. Dann lässt er sich die Rüstung anlegen. Hörner schallen, Trompeten, Rufe: „Zu den Waffen, Barone!" Jene Einheiten, die bereits auf dem anderen Ufer des Flusses stehen, erhalten Befehl, sofort kehrtzumachen.

Philipp reitet an den sich formierenden Truppen entlang, und vielleicht ruft er den Entfernteren jetzt schon zu, worauf er später alle in seiner Hörweite einschwören wird: dass seine Sache gerecht sei, dass sie auch die Sache Frankreichs und der Kirche sei! Dass die Feinde Verräter seien, ungetreue Lehnsleute im Bund mit einem Kaiser, der lästerlich am heiligen Sonntag angreife. Dass sie ihre Söldner mit geraubtem Geld bezahlten! Dass er deshalb fest auf Gott vertraue, der seinen treuen Dienern, den Franzosen, den Sieg geben werde.

Der Monarch stellt seine insgesamt gut 6000 Mann in drei Abteilungen auf, als ein Zentrum mit zwei Flügeln. Rund drei Kilometer ist die Front breit – und rechts durch einen Morast vor Flankenangriffen geschützt. Der linke Flü-

EIN WEINBERG vor einem Schloss in Frankreich. Meist finanzieren Ritter mit den Erträgen aus der Landwirtschaft ihre teure Ausrüstung – die so viel kostet wie eine Herde Kühe

Vor dem **KAMPF** spricht der König ein schnelles **GEBET**

gel der Franzosen, der ein Umgehungsmanöver erschweren soll, muss hingegen stark gedehnt werden, steht teils nur einen einzigen Mann tief.

Im Rücken der Armee liegen das sumpfige, dicht mit Weiden bestandene Flussufer, die Brücke und das Örtchen Bouvines; vor ihr steigt die trockene Ebene leicht an. Philipp bezieht die etwas tiefer gelegene Position. Dafür hat er die Sonne im Rücken, blendet sie den Gegner.

Alle drei Abteilungen bestehen aus Rittern sowie Fußsoldaten: Bauern und Knechten, die für Sold kämpfen und mit Waffen ausgestattet worden sind. Sie stehen teils vor, teils neben den Panzerreitern. Da der König im Zentrum fechten wird – dort weht seine persönliche Standarte, die

1351, BRETAGNE
Als Teil eines Erbfolgekrieges kämpfen zwei Gruppen von jeweils etwa 30 Rittern in einem verabredeten Duell auf Leben und Tod. Das »Turnier der Dreißig« zwischen Bretonen und Engländern wird vielfach besungen.

1396, NIKOPOLIS
Ein christliches Ritterheer scheitert bei einer Schlacht im heutigen Bulgarien, weil es den taktisch flexibel agierenden Osmanen nichts entgegenzusetzen hat.

1410, TANNENBERG
Polnisch-litauische Truppen besiegen im heutigen Polen die Ritter des Deutschen Ordens. Die Schlacht leitet den Niedergang des Deutschordensstaates in Preußen ein.

silberne Lilie auf blauem Grund –, überträgt er den Befehl über die Flügel bewährten Truppenführern, die anschließend weitgehend auf sich gestellt sind. Immer noch hasten Kämpfer von der anderen Seite des Flusses zurück und reihen sich in die Formationen ein; im Zentrum durchqueren sie die Reihen der Kavallerie und bilden davor eine Verteidigungslinie.

Das ebenfalls gut 6000 Mann starke Heer des Kaisers kommt näher. Wegen der Scharmützel mit Philipps Nachhut ist es weit auseinandergezogen. Vermutlich erstreckt sich die Kolonne über mehrere Kilometer.

Als Erste erreichen die flämischen, mit Otto verbündeten Ritter die Felder bei Bouvines und sammeln sich vor dem rechten Flügel der Franzosen. Wenig später treffen die Deutschen ein und nehmen vor Philipps Zentrum Stellung.

In ihrer Mitte gibt sich majestätisch Otto IV. zu erkennen: Er trägt den purpurnen, goldbestickten Kaisermantel um die Schultern und führt einen vierspännigen Fahnenwagen bei sich, auf dem an einer hohen Stange ein Drachenbanner und ein vergoldeter Adler prangen. Sein furchtloser Stolz soll dem Heer Vertrauen und Zuversicht geben, seine Feldzeichen dienen den Kämpfern zur Orientierung im Kampfgetümmel.

Als Letzte beziehen auf Ottos rechtem Flügel die Engländer und deren Söldner sowie die Ritter des Grafen von Boulogne Stellung. Die Marschkolonne entfaltet sich in die Breite, spiegelt die drei Abteilungen der Franzosen.

Insgesamt haben sich auf dem Feld jetzt mehr als 12 000 Kämpfer versammelt, darunter 1400 Ritter auf der deutschen und 1200 auf der französischen Seite. Nicht einmal 200 Meter liegen zwischen den feindlichen Reihen.

Stille tritt ein.

Die Gegner fixieren einander, machen sich innerlich bereit. Von Philipp II. ist überliefert, dass er seinen Getreuen anfeuernde Worte zuruft.

Die Sonne brennt auf die Männer nieder. Vor allem Ottos Truppen, die bereits Stunden

IM KRIEG plündern Ritterheere meist die Ländereien des Feindes, denn die Mauern von Burgen und Städten sind schwer zu bezwingen. Erst um 1350 verbreitet sich der Einsatz von Kanonen

ohne Pause unter den schweren Panzern und Helmen im Sattel verbracht haben, sind müde. Immer noch treffen auf beiden Seiten Nachzügler ein.

Einen abgestimmten Schlachtplan gibt es nicht. Jedem Führer steht der Einsatz seiner Männer frei – wobei gerade die Ritter schwer zu kontrollieren sind. Sie suchen prestigeträchtige Duelle, glamouröse Einzelgefechte mit ihresgleichen. Denn wenig verheißt höhere Ehre, mehr Ruhm als ein Sieg im direkten Messen mit einem gleichrangigen Gegner. Ein aus dem Sattel gestoßener Recke der anderen Seite, bezwungen – womöglich gefangen: Für viele Ritter ist ein solcher Triumph, die eigene große Tat wichtiger als die Sache ihres Herrn. Der eigene Ruf ist alles.

Und doch beginnt die Schlacht mit einem konzertierten Schlag vieler Männer: Plötzlich befiehlt der Kommandeur des rechten französischen Flügels rund 150 berittene Dienstleute zum Angriff. Donnernd jagen sie auf die Front der Ritter aus Flandern zu.

Diese Dienstleute sind leichter gepanzert als die Ritter; es sind Männer ohne große Namen und Wappen, die nicht für die Ehre, sondern für Sold kämpfen – ein Affront gegenüber dem adeligen Gegner. Die flämischen Ritter lassen sie herankommen, stechen gezielt die Pferde nieder, töten zwei der minderrangigen Gepanzerten und verwunden weitere. Sie schlagen den Ansturm zurück, doch das Scharmützel hat Kraft gekostet.

Nun reiten zwei flämische Ritter mit Gefolge gegen die Gegner auf dem rechten französischen Flügel an. Ein paar Ritter aus der Champagne, berühmt für ihren Mut und ihre Triumphe bei großen Turnieren, stellen sich ihnen; ein Gruppenduell vor den Augen der Heere bahnt sich an – eine hohe Form ritterlichen Kampfes.

Die Kämpen galoppieren aufeinander zu, krachend treffen die Lanzen auf Schilde oder Rüstungen, bersten und splittern. Vielleicht gibt es mehrere Treffen, führen Knappen ihren Herren neue Waffen zu, ein Ersatzpferd.

Nachdem die Lanzen gebrochen sind, werfen die Ritter die Stümpfe fort, ziehen das Schwert und schlagen aufeinander ein, wehren umgekehrt Hiebe mit ihren Schilden ab. Reiter stürzen, kämpfen zu Fuß weiter. Bleibt ihnen gar nichts anderes mehr, dreschen sie mit der bloßen Eisenfaust um sich. Bis einer wehrlos im Staub liegt, verwundet oder entkräftet aufgeben muss – und sich gefangen nehmen lässt.

IN DER SCHLACHT verheißt das direkte Duell mit dem Gegner die höchste Ehre. Die Kämpfer versuchen, ihre Kontrahenten gefangen zu nehmen – um ein hohes Lösegeld zu kassieren

Denn das Ziel eines Ritterkampfes ist nicht der Tod des Gegners, sondern dessen Überwältigung. Zum einen achten sich die Mitglieder dieser Kaste über die Fronten hinweg. Zum anderen sind adelige Familien bereit, für einen in der Schlacht gefangen genommenen Sohn oder Bruder enormes Lösegeld aufzubringen.

Gleichwohl erfordert der erbitterte Kampf langjährige Gewöhnung an Schmerz und Wunden, braucht es Tapferkeit und Mut.

Geschützt wird der Ritter durch seine Rüstung, die im besten Fall nahezu lückenlos ist: Das traditionelle, lange Kettenhemd aus feinen Eisenringen wird seit einigen Jahren durch einen eisernen Kinnlatz, eine Kapuze sowie Fäustlinge für die Hände ergänzt – alles zusammen bis zu 25 Kilogramm schwer. Zusätzlich schützen Eisenschienen mit Scharnieren oder Kettenstrümpfe die Beine und Füße. Ein wattiertes Untergewand federt Treffer auf die Rüstung ab. Der Kopf samt Kettenkapuze steckt vollständig in einem zylinderförmigen Helm, fest geschlossen bis auf schmale Sehschlitze und einige Luftlöcher.

Der Kopfschutz schränkt die Sicht ein und macht das Atmen schwer. Er schützt nicht nur,

NUR SELTEN stehen sich zwei Ritterheere auf offenem Gelände gegenüber. Denn mit einer Feldschlacht riskiert ein Fürst das Leben seiner kostbarsten Krieger

1415, AZINCOURT
Der englische König schlägt mithilfe seiner 7400 Bogenschützen die Franzosen in deren eigenem Land. Zudem kann er einen Großteil des französischen Hochadels töten oder gefangen nehmen.

1453, CASTILLON
In der letzten Schlacht des seit 1337 tobenden Hundertjährigen Krieges setzen die Franzosen moderne Kanonen gegen die Engländer ein – und siegen.

1523, BURG NANSTEIN
Auf seiner Festung im heutigen Rheinland-Pfalz kapituliert Franz von Sickingen, Anführer einer Gruppe rebellischer Ritter, im Kampf gegen eine Allianz von Landesfürsten.

sondern trägt zuweilen Aufsätze wie Flügel, Hörner, Symbole und soll seinem Träger einen furchteinflößenden Anblick verleihen.

Nach einem wütenden Abtausch dröhnender Hiebe, den alle anderen Kämpfer auf dem Feld verfolgt haben, sei es schweigend oder mit anfeuernden Rufen, müssen sich die flämischen Ritter ihren Gegnern aus der Champagne ergeben. Triumphierend führen die Sieger sie ab – da übermannt einen Ritter aus dem Gefolge der Besiegten die Wut, erbittert schreit er: „Tod den Franzosen! Tod den Franzosen!"

Das ist ungeheuerlich, ein Bruch mit dem Kodex. Schon sind mehrere der so Bedrohten bei ihm, ringen ihn nieder, einer klemmt seinen Kopf zwischen die gepanzerte Brust und Ellenbogen, zieht ihm den Helm ab. Ein anderer setzt unterhalb des Kinns ein langes Messer an und rammt es dem Missetäter bis ins Herz.

Immer mehr Krieger beider Seiten stürmen nun aufeinander zu. Einem französischen Grafen und einem Vicomte gelingt es jeweils, mit ihren Männern die flämische Reihe zu durchbrechen, sich in deren Rücken zu sammeln und sie von hinten anzugreifen.

Die Kämpfenden verknäueln sich im Handgemenge, Männer und Pferde stürzen, einer liegt hilflos auf dem Rücken, ein anderer mit dem Gesicht im Dreck. Reiterlose Tiere gehen durch, manchen ist ein Bein abgeschlagen, anderen hän-

»Zu den **WAFFEN,** Barone!«, erschallt überall der **RUF**

gen die Eingeweide aus dem aufgeschlitzten Bauch. Immer mehr Leichen bedecken das Feld.

Denn das gemeine Fußvolk wird nicht geschont, sondern von den Rittern erbarmungslos niedergemacht, mit der Lanze, mit dem Schwert, mit der Streitaxt, der Keule, dem Morgenstern, wird in den Grund geritten, zertrampelt.

Bevor die Gepanzerten von ihren Rössern aus zuschlagen, strecken sie die Beine aus, um fest in den Steigbügeln zu stehen, lehnen sich mit der Bewegung des Pferdes im Sattel vor und verleihen ihrem Hieb so eine ungeheure Wucht. Ein derartiger Schwerthieb zerspaltet selbst Helme.

Nach und nach gewinnen die Franzosen auf dem umkämpften Flügel die Oberhand.

Nun erst setzt Otto IV. im Zentrum zum Gegenschlag an. Gleich Bauern auf einem Schachbrett stehen sowohl vor seinen als auch vor König Philipps Rittern die Reihen des Fußvolks. Jetzt lässt der Kaiser diese Infanterie vorrücken, zunächst langsam, um Kraft zu sparen. Erst als die Männer nahe am Feind sind, rennen sie unter lautem Kriegsgeschrei direkt auf die Position des feindlichen Monarchen zu.

Ottos Fußkämpfer sind besser bewaffnet als die Infanterie der Franzosen und bedrängen sie mit wütender Entschlossenheit. Um den Ansturm aufzuhalten, führt Philipp seine Ritter jetzt hoch zu Ross ins Gefecht gegen Ottos Fußsoldaten.

Das ist die Gelegenheit für einen Stoßtrupp der kaiserlichen Infanteristen, Philipp zu töten – denn für das Fußvolk spielen Ehrbegriffe oder Lösegeldhoffnungen keine Rolle; diese Kämpfer würden auch einen König nicht verschonen.

Im Getümmel stoßen sie bis zum französischen Monarchen vor und versuchen, ihn mit Haken und Hellebarden vom Pferd zu reißen.

Der Herrscher wankt, verliert den Halt – und stürzt. Die Angreifer dringen auf ihn ein.

Ist dies die Entscheidung?

Doch ehe die kaiserlichen Infanteristen einen Spalt im massiven Panzer des hilflos Daliegenden finden, um ihm den Todesstoß zu versetzen,

UNTER WEHENDEN BANNERN stürzen sich Ritter im Namen ihres Lehnsherrn in die Schlacht. Doch mehr noch als der Sieg zählt für sie der persönliche Ruhm im Kampf

sprengen französische Ritter herbei. Einer springt vom Pferd, stellt sich schützend über seinen König, fängt Hiebe und Stiche ab. Andere kämpfen den Stoßtrupp Mann um Mann nieder.

Endlich kann Philipp sich aufrichten, der abgesessene Vasall hilft ihm auf das eigene Pferd. Der direkte Entscheidungsschlag ist gescheitert.

°

UNTER DEM KLIRREN und Krachen der Waffen und Schilde, dem verzweifelten Rufen, Ächzen, Wiehern, dem Schreien sterbender Menschen und Tiere wogt das Gemenge weiter hin und her. Ritter, deren Wappenschilde zerbrochen oder verloren sind, können von ihren eigenen Gefährten nicht mehr erkannt werden; also brüllen sie unter dem Helm ihren Namen, um nicht von den eigenen Verbündeten bekämpft zu werden.

Längst steht auch der verbliebene Flügel im Gefecht. Dort hat Graf Rainald von Boulogne aufseiten des Kaisers eine neuartige Taktik erdacht, um seinen Rittern zwischendurch etwas Luft zu verschaffen: Er lässt 700 gut gerüstete Söldner einen Kreis aus zwei hintereinander stehenden Reihen von Männern bilden; mit langen Piken halten sie alle Angreifer auf Abstand.

Hinter diesen menschlichen Schutzwall retten sich Graf Rainald und seine Ritter wiederholt aus großer Bedrängnis – und um neue Kraft zu sammeln.

Denn bereits die schiere Anstrengung des stundenlangen Reitens, Zuschlagens, Abwehrens in der schweren Rüstung und unter sengender Sonne, der erstickende Staub, der Lärm können einem Mann schwer zusetzen. Schlimmer noch die Todesangst, ein Hitzschlag oder nackte Panik.

Manche geben einfach auf. Oder laufen davon. Denn längst nicht jeder Ritter hält sich im Gefecht an die Regeln der Ehre. Im Nahkampf zielen einige tückisch mit Dolchen auf die Sehschlitze des Gegners. Manche halten sich weit hinten oder verlassen nie den Schutz ihres Gefolges, meiden das blutige Gewühl.

Andere machen in Gruppen Jagd auf Standesgenossen, die ein reiches Lösegeld verheißen – und lassen sie gegen bare Münze (oder das Ehrenwort, später zu zahlen) noch während der Schlacht frei, sodass sie weiterkämpfen können.

Nach und nach gewinnen die französischen Ritter die Oberhand. Jetzt ergreifen selbst hohe Ritter und Fürsten aufseiten des Kaisers die Flucht, ehe sie Gefangennahme und ein Lösegeld riskieren, das ihre Familien ruinieren könnte.

Als einige Ritter aus dem Gefolge Philipps II. dies beobachten, greifen sie nach der kostbarsten Beute: Sie umreiten das Getümmel, gelangen in den Rücken der Deutschen und halten zu auf den Mann mit dem goldenen Schild: Otto IV.

Die Franzosen können die Leibgarde des Kaisers abdrängen, einer bekommt Ottos Pferd am Zaumzeug zu fassen, will es fortreißen, es gelingt nicht. Daraufhin sticht ein anderer zweimal mit einem Messer nach dem Kaiser, findet keine Lücke im Harnisch, trifft aber Ottos Pferd ins Auge.

Das Tier geht durch. In wilder Jagd stiebt der Monarch mit seinen Gefolgsleuten davon, verfolgt von den Gegnern.

Als das wunde Pferd zusammenbricht, ist ein westfälischer Ritter als Erster zur Stelle, gibt Otto das eigene Tier. Jetzt gilt es vor allem, den Kaiser zu retten. Ohne Hoffnung auf eine glückliche Wende verlässt der Herrscher das Feld, während seine Gefährten ihn decken, weiterkämpfen, damit ihr Herr sicher entkommen kann.

Viele Gefolgsmänner des Deutschen werden nun überwunden. Immer mehr Soldaten wenden sich zur Flucht. Der Kaiser ist zwar entronnen – symbolisch aber fällt er schließlich doch in die Hände seiner Feinde: Französische Kämpfer erobern den Wagen mit Ottos Feldzeichen, demolieren ihn, brechen dem goldenen Adler die Flügel ab und überreichen ihn Philipp II.

Das ist der endgültige Sieg.

Als Letzter muss Rainald von Boulogne aufgeben. Ein französischer Panzerreiter sticht das Pferd des flämischen Grafen nieder, stürzend klemmt das Tier seinen Reiter ein. Fußsoldaten wollen ihn töten, doch ein französischer Kommandeur rettet den Standesgenossen.

Keine Gnade hingegen erwartet jene angeheuerten Söldner, hinter deren Wall aus Piken Graf Rainald immer wieder Schutz gesucht hat: Philipps Ritter metzeln die Kriegsknechte bis auf den letzten Mann nieder. Denn sie gelten nicht als ehrenhafte, christliche Kämpfer, sondern als gemeine Profiteure von Streit, Not und Tod.

Wohl drei Stunden nach dem ersten Angriff bedecken Leichen von Menschen und Tieren das Feld, Verwundete, zerborstene Waffen, Helme.

Fast alle Toten entstammen dem einfachen Volk. Unter den Rittern hingegen überliefert die wichtigste Quelle nur je einen Erdolchten auf

Die Ritter des **KAISERS** ergreifen die offene **FLUCHT**

beiden Seiten, darunter den zu Beginn gerichteten Frevler (eine Kircheninschrift lässt dagegen auf rund 170 gefallene Ritter schließen). Fast alle unterlegenen Ritter hat das Prinzip der Ehre gerettet, die Aussicht auf Lösegeld. Oder die Flucht.

Doch mancher erleidet Quetschungen, Prellungen oder Knochenbrüche. Einem ist eine Lanze durch Schild, Panzer und Bein gedrungen, hat ihn am eigenen Pferd aufgespießt; andere haben Zähne oder Augen eingebüßt, eine Lähmung davongetragen, einen Arm verloren.

Gewaltig ist die Beute, die Philipp II. auf dem abendlichen Feld bei Kerzenschein besichtigt: Waffen, feine Rüstungen und Pferde; im Tross der Unterlegenen goldenes Tafelgerät und kostbare Kleider.

Insgesamt sind den Franzosen mehr als 130 Ritter in die Hände gefallen, darunter fast ein halbes Dutzend Grafen. Sie werden dem König und seinen Großen ein solch immenses Lösegeld einbringen, dass Philipps Kronschatz den all seiner Vorgänger übertrifft.

Die besiegten Adeligen werden standesgemäß behandelt; sie dürfen nach der Zahlung der verlangten Gelder heimkehren. Nur die abtrünnigen Grafen von Flandern und der Boulogne werden als Verräter öffentlich geschmäht und ohne Aussicht auf Freilassung eingekerkert.

Chronisten und Troubadoure reagieren schon bald auf das Geschehen von Bouvines. Ein Geistlicher, der während der Kämpfe hinter dem französischen Zentrum gestanden und laut Psalmen gesungen hat, verfasst eine hymnische Schilderung der Waffentaten und ehrt Philipp II. mit dem Beinamen *Augustus* als wahren „Mehrer des Reichs“.

Andere Dichter besingen auch Otto IV., als zwar unterlegenen, aber doch heldenhaften Krieger. Bei Bouvines, so stellen diese Texte es dar, hätten der Kaiser und der König und ihre edelsten Vasallen sich gemessen und einen legendären Kampf ausgefochten. In der vielleicht bedeutendsten Ritterschlacht aller Zeiten.

LITERATURTIPPS

JOACHIM EHLERS
»Die Ritter. Geschichte und Kultur«
Kompakte Einführung (C. H. Beck).

GEORGES DUBY
»Der Sonntag von Bouvines«
In Teilen überholt, aber immer noch packend (Wagenbach).

IN KÜRZE

Um 750 n. Chr. beginnen fränkische Könige, berittenen Kämpfern Land als Lehen zu überlassen, die ihnen dafür Waffendienst leisten. So entsteht eine Klasse adeliger Berufskrieger mit eigenem Ehrenkodex – das Rittertum. Dessen Ideale verbreiten sich nach und nach über große Teile Europas. Am 27. Juli 1214 marschieren nahe dem flämischen Bouvines rund 2500 Panzerreiter auf, und es entbrennt eine der größten Ritterschlachten der Geschichte.

Denn die Gefechte bei Bouvines verschieben die Machtverhältnisse von der Iberischen Halbinsel bis Böhmen, von Sizilien bis Schottland.

Frankreich kann sich nun – da äußere und innere Feinde überwältigt worden sind – allmählich zu einem Zentralstaat unter einem starken König formen und zur neuen europäischen Vormacht aufsteigen. Für Jahrhunderte wird kein deutscher Herrscher es wagen, den westlichen Nachbarn anzugreifen. Denn im Kaiserreich bleibt die Gewalt geteilt. Noch bevor Otto IV. 1218 stirbt, übernimmt ein rivalisierendes Geschlecht den Thron.

Englands König wiederum verliert den größten Teil seines Besitzes auf dem Kontinent (auch wenn er den Anspruch darauf noch lange nicht aufgeben wird). Gedemütigt und ruiniert, muss er dem eigenen Adel enorme Vorrechte und Freiheiten einräumen. Es ist der Keim der späteren Parlamentsherrschaft in England.

°

IN DEN FOLGENDEN JAHRHUNDERTEN erlebt das Rittertum seine Blütezeit: in Frankreich und Britannien, in den deutschen Landen, in Spanien, Teilen Italiens, bald auch in Osteuropa. Über Generationen werden die gepanzerten Reiter mit Lanze und Schwert das europäische Kriegsgeschehen beherrschen.

Aber auch im Frieden dominiert fortan die Kämpferkaste und prägt die Epoche. Fast überall streben die Mächtigen und Vornehmen nun eine ritterliche Lebensart an: bei Turnieren, im kultivierten Leben der Höfe oder auf den kargen, wehrhaften Burgen, im Minnedienst einer schönen Frau, als Kreuzfahrer. Der christliche Ritter – tapfer, treu und fromm – gilt fortan bis zu den höchsten Fürsten als Ideal des Adels.

Und selbst ein König wie Frankreichs Philipp II., der ruhmreiche Sieger von Bouvines, ist in den Augen der Zeitgenossen in erster Linie vor allem dies: ein großer Ritter. ◊

Die Legende ist makellos: Wie kein Zweiter verkörpert Rodrigo Díaz de Vivar das ritterliche Ideal – so jedenfalls steht es in einem berühmten spanischen Text des 12. Jahrhunderts geschrieben. Seinem König sei er stets in tiefer Loyalität ergeben gewesen und habe als selbstloser Streiter für die christliche Sache gekämpft. Tatsächlich aber ist Rodrigo – den seine Landsleute unter dem Ehrennamen „El Cid" als Nationalhelden feiern – ein skrupelloser Opportunist, den vor allem die Gier nach Reichtum und Ruhm treibt.

DER WARLORD

Im 11. Jahrhundert ringen Christen und Muslime auf der Iberischen Halbinsel erbittert um Glauben und Macht. Einer der Kämpfer in diesen Kriegen ist der Ritter Rodrigo Díaz de Vivar, genannt »El Cid« – als Heerführer für jede der beiden Seiten

TEXT: *Aron Wittfeld*

Es ist die Zeit der Reconquista, der Kämpfe zwischen muslimischen und christlichen Reichen auf der Iberischen Halbinsel. Aber auch Fürsten gleicher Religion ringen dort um Land und Einfluss. Ihre Schlachten lassen sie zumeist von Rittern schlagen. Einer von ihnen: Rodrigo Díaz.

König Alfons VI., Herrscher der nordspanischen Reiche von Leon und Kastilien, schätzt seinen Vasallen als Mitstreiter auf Feldzügen, setzt ihn bei Streitigkeiten als Richter ein, verhilft ihm zu einer gut situierten Ehefrau. Kurzum: Rodrigo ist ein bedeutender Mann am Hof, geachtet und wohlhabend. Und doch will er mehr.

Im Jahr 1081 sammelt er eigenmächtig ein Heer und greift das muslimische Königreich Toledo an – ein schwerer Fehler, denn Alfons VI. ist der Schutzherr Toledos und kassiert dafür Tribute.

Zur Strafe schickt er Rodrigo in die Verbannung. Der beginnt nun ein Wechselspiel der Allianzen. Zunächst bietet er seine Dienste dem muslimischen Herrscher von Zaragoza an, wo er sich schnell als Heerführer bewährt. Mehr als fünf Jahre lang verteidigt er das Königreich gegen Angriffe anderer Fürsten. Als auch Alfons VI. im Frühsommer 1086 Zaragoza belagert, steht Rodrigo auf der anderen Seite der Mauern – und behauptet sich.

Vermutlich kommt er in dieser Zeit zu dem Namen „El Cid" (abgeleitet vom arabischen *sayyid*, „Herr"): als Anerkennung für seine Erfolge im Dienst der Muslime.

Unterdessen gerät Alfons VI. durch die Almoraviden in Bedrängnis – eine muslimische Sekte, die von Nordafrika aus auf die Iberische Halbinsel strebt. Der König braucht einen fähigen Heerführer und wendet sich erneut an Rodrigo. Doch weil der seine Taktik nicht mit dem Monarchen abstimmt, fällt er abermals in Ungnade.

Plündernd zieht El Cid nun durch Spaniens östliche Küstenregion. Er bringt das Gebiet fast komplett unter seine Kontrolle und fordert Tribut von der muslimischen Stadt Valencia – eigentlich ein Privileg der Krone.

Als Alfons VI. sich mit einer Strafexpedition nähert, fällt Rodrigo in dessen Reich ein und verwüstet ganze Landstriche. Der König muss sich zurückziehen. 1094 ernennt sich El Cid zum Herrn von Valencia.

Dort herrscht er mit harter Hand, errichtet ein Spitzelsystem, presst die Stadt aus. Reiche Bürger hält er gefangen, bis sie sich für gewaltige Summen freikaufen. Seine Truppen plündern das Umland, schüchtern Dorfbewohner ein, beschlagnahmen Waren und Zugtiere. Und gleich mehrmals gelingt es Rodrigo in dieser Zeit, die zuvor lange unbesiegten Almoraviden in die Flucht zu schlagen.

In den Augen von immer mehr spanischen Christen wird der Haudegen, der gegen alle Wahrscheinlichkeit eine Stadt tief im Feindesgebiet hält, nun zu einem Streiter Gottes, der im Namen des Kreuzes gegen den Islam zu Felde zieht.

Am 10. Juli 1099 stirbt er ohne männlichen Nachkommen. Einer Legende nach schnallen seine Gefolgsleute den Leichnam auf ein Pferd, um weiter hinter ihrem Herrn in die Schlacht zu ziehen.

Seine Witwe Jimena kann Valencia noch zwei Jahre gegen die Almoraviden verteidigen. Zwar kommt ihr sogar König Alfons VI. zu Hilfe, doch die feindliche Übermacht ist auf Dauer zu groß. Daher lässt der Monarch die Stadt in Flammen aufgehen, um sie nicht den Feinden zu überlassen, ehe er mit Jimena und seinem Gefolge den Rückweg nach Kastilien antritt.

Und noch während aus der Asche Valencias Schwaden aufsteigen, verbreitet sich von den Schreibstuben der iberischen Klöster aus bereits der Mythos von „El Cid" – dem loyalen Untertanen und Helden der Christenheit. ◊

UNTREUER GEFOLGSMANN: Mehrmals wechselt El Cid die Allianzen, kämpft mit den Christen, aber auch gegen sie. Nach seinem Tod, so die Legende, binden Männer seinen Leichnam aufs Pferd, um ihrem Herrn in die Schlacht zu folgen

Hinter steinernen WÄLLEN

Von wehrhaften Festungen aus gebieten adelige Ritter im Mittelalter über ihre Besitztümer und Untertanen. Die Agrarwirtschaft prägt den Alltag in den einsam gelegenen Bastionen, die manchmal in höfischem Glanz erstrahlen – wenn einer der mächtigen Landesfürsten zu Besuch kommt

TEXT: *Ulrike Moser*
FOTOS: *Heiner Müller-Elsner für* GEO*EPOCHE*

AUF EINEM FELS der Eifel erhebt sich eine der wenigen vollständig erhaltenen Festen des Mittelalters: Burg Eltz, die auch auf den folgenden Fotos zu sehen ist

IM JAHR 1217 herrscht Carl Friedrich von Isenberg von seiner kurz zuvor vollendeten Feste an der Ruhr über seine Ländereien. Schon bald darauf aber wird sie komplett zerstört

Weit geht der Blick über das Land. Steil hinunter zum Fluss, der in der Tiefe vorbeiströmt, ehe er nach einer engen Biegung hinter einem Bergausläufer zu verschwinden scheint. Hinweg über das Ruhrtal mit seinen sanften, in der Höhe bewaldeten Hügeln. Dazwischen Weiden, auf denen das Vieh grast, Rinder, Schafe, Ziegen. Und Felder, auf denen die Bauern ihrer Arbeit nachgehen.

Nichts entgeht dem Wachmann, der oben auf dem Turm Posten steht. Keine Fuhre, die mit Heu beladen zum nächsten Dorf fährt. Kein Feind, der sich nähert, bliebe unbemerkt. Doch er hält nicht nach Angreifern Ausschau – er soll die Ankunft von Gästen melden.

Dann plötzlich, unten auf der Straße: Staub. Aufgewirbelt von vielen Pferdehufen. Sie kommen! Ein prächtiger Tross, vielleicht ein paar Dutzend Mann, durchquert die Furt durch die Ruhr am Fuße des Berges. Panzerreiter in schweren Rüstungen geleiten mehrere vornehme Herren in kostbarer Kleidung.

Unter ihnen sind, wie der Wachmann erfahren hat, Engelbert, Erzbischof von Köln und einer der mächtigsten Fürsten des Reiches, sowie weitere ranghohe Geistliche, dazu einige weltliche Mitglieder seines Hofes.

Die hohen Herren werden an diesem Tag im Jahr 1217 hier auf Burg Isenberg erwartet, 70 Kilometer nördlich von Köln. Jetzt lenken sie ihre Pferde auf den steilen, unbefestigten Pfad, der zur Isenburg hinaufführt.

Hoch über der Flussbiegung, oben auf einem Felsvorsprung, thront die gewaltige Burg über der Landschaft. Sie ist 250 Meter lang, auf zwei Seiten geschützt von Steilhängen, umschlossen und gesichert von meterdicken, hell verputzten Steinmauern und überragt von einem wuchtigen Turm.

Die Festung ist der Wohnsitz eines mächtigen Ritters, des Grafen Friedrich aus dem Geschlecht der von Altena-Berg – und das alles überragende Wahrzeichen seiner Stärke und Herrschaft.

°

SIE KOMMEN! Seit Tagen schon herrscht emsige Geschäftigkeit auf der Isenburg. Knechte haben Schweine und Ziegen vom Wirtschaftshof im Tal auf die Feste getrieben und dort geschlachtet, zudem zerlegte Rinderteile hinaufgeschafft. Auch viele der Hühner, die den Burghof bevölkern, haben ihr Leben gelassen.

Der Truchsess ist von Dorf zu Dorf geritten; bei fahrenden Kaufleuten und Bauern der Umgebung hat der Vorsteher der Burgverwaltung feine Gewürze und besondere Leckereien erworben.

Im Wohnhaus und in Nebengebäuden haben die Mägde Kammern für die Gäste vorbereitet. Waschfrauen haben angefeuchtete Leintücher mit dem Glättstein bearbeitet, bis der Stoff glänzte und nahezu faltenfrei war. Knechte haben Lebensmittel aus den Lagerhäusern in die Hauptburg gebracht. Nun noch schnell die Krüge mit Wein hinüberschaffen.

Im Saal des herrschaftlichen Wohnhauses kontrolliert Sophia, die Gattin des Grafen, ob für den hohen Besuch die edelsten Wandteppiche aufgehängt wurden, wie von ihr angeordnet.

Da sind sie! Schon lenken die Besucher ihre Pferde in den schmalen Durchgang, der zum Tor führt. Dessen wuchtige Flügel sind aus schwerem Holz, an der Außenseite zusätzlich mit kräftigen Bohlen verkleidet. Sie sollen verhindern – ebenso wie der waagerechte hölzerne Balken, der das Tor von innen wie ein Riegel verschließt –, dass Angreifer die Pforte mit Rammen aufbrechen.

An diesem Tag aber sind die Flügel weit geöffnet. Der Burgherr und seine Gattin sind herbeigeeilt, um die vornehmen Besucher willkommen zu heißen.

Die Begrüßung ist herzlich und voller Respekt*. Erzbischof Engelbert ist nicht nur ein hoher kirchlicher, sondern auch weltlicher Würdenträger: Seit knapp 40 Jahren stehen alle Kölner Erzbischöfe

* Besuche hoher Herren auf den Festungen von Rittern waren im Mittelalter keine Seltenheit. Einzelheiten solcher Visiten sind durch zeitgenössische Quellen jedoch kaum überliefert. Die geschilderten Ereignisse haben wir durch Analogien mit bekannten Gepflogenheiten sowie nach historischem Kontext, gesicherten Fakten und Plausibilität erschlossen.

DIE BURG dient dem Ritter als Wehranlage, Wohnsitz, Zentrale des landwirtschaftlichen Betriebs – und gut sichtbares Symbol seiner gehobenen Stellung

EINE FESTUNG muss leicht zu verteidigen sein. So ragen ihre imposanten Mauern und Gebäude oft von unzugänglichen Anhöhen empor

IM INNEREN sind auf kleiner Fläche repräsentative Gebäude, aber auch Speicher, Stallungen und einfache Gesindebehausungen untergebracht

WASSERSPEIER in kunstvoller Form: Bei einer Belagerung ist entscheidend, dass die Burg über funktionierende Brunnen oder Zisternen verfügt

MEHRERE METER dick ist die Mauer einer Burg. Das Bollwerk lässt sich nur schwer durchbrechen, etwa mithilfe gewaltiger Steinkatapulte

IN EINER KAMMER hält der Burgherr Schwerter, Kanonen und Rüstungen vor. In den Kampf zieht er jedoch nur sporadisch – meist bei kleineren Fehden gegen Nachbarn

zugleich an der Spitze des mächtigen Herzogtums Westfalen. Darüber hinaus sind der Burgherr und sein angesehener Gast entfernt miteinander verwandt.

Doch es steht etwas zwischen ihnen, dessen Tragweite zu diesem Zeitpunkt noch niemand absehen kann: Engelberts Visite ist nicht allein ein Freundschaftsbesuch – es geht auch um Geld und Land.

Denn Graf Friedrich ist der Verwalter des nahe gelegenen Frauenstifts Essen und versucht seit einiger Zeit, dessen ertragreiche Güter in seinen Besitz zu bekommen. Das will der Erzbischof verhindern.

Und so ist es gut möglich, dass es auch um diesen Streit geht, der bald immer erbitterter geführt werden wird.

Knechte bringen die Reittiere in den Stall, versorgen sie mit Wasser und holen für sie Heu aus einer der Scheunen, die hier in der Vorburg ihren Platz haben.

Die Isenburg besteht aus zwei etwa gleich großen Teilen: der Vorburg mit dem äußeren Haupttor – und der etwas höher gelegenen Hauptburg mit dem Bergfried, in die man durch ein weiteres Tor von der Vorburg aus gelangt.

Die Vorburg ist der rund 5000 Quadratmeter große Wirtschaftshof der Anlage. Hier liegen die Stallungen für Pferde, Ziegen, Kühe und Geflügel, wenn jene nicht auf dem Wirtschaftshof des Burgherrn im Tal untergebracht sind. Die Tiere versorgen die Herrschaft täglich mit frischer Milch, Butter und Eiern.

Zudem liegen hier die Häuser der Burgmannen, des adeligen Burgpersonals, sowie die Unterkünfte für das Gesinde: Mägde, Waschfrauen, Knechte, ein Koch, die Küchenjungen, vielleicht ein Bäcker und Metzger, wohl ein Heizer für die Öfen, ein Schmied. Dazu Türmer und Wächter für den Schutz der Burg.

In Kellerräumen liegen Lebensmittel in Gefäßen aus gebranntem Ton. Daneben lagern dort Weinfässer sowie Futter und Stroh für die Tiere, aber auch Pflüge, Sicheln, Heugabeln.

Nicht ohne Stolz wird Graf Friedrich den Gästen das Wirtschaftszentrum seiner Burg zeigen. Denn die Isenburg ist erst vor Kurzem nach fast 20 Jahren Bauzeit fertiggestellt worden.

DAS HOCHMITTELALTER ist die große Zeit des Burgenbaus. Die Festungen prägen Land und Landschaft. Seit dem späten 9. Jahrhundert entstehen diese Bastionen, die nicht nur in Kriegszeiten genutzt, sondern auch bewohnt werden.

Anfangs sind die Kastelle kaum mehr als einfache Bauten aus Holz, befestigt mit Gräben und Erdwällen, vielleicht mit Palisaden. Erst im 11. Jahrhundert beginnt der Bau massiver Steinburgen – und bald schon werden sie gleichsam zu Insignien der Ritter.

Ein Bau, der von RANG und Namen kündet

Die meisten Bollwerke entstehen auf Höhenzügen, die zu mehreren Seiten steil abfallen und sich so leicht überwachen und verteidigen lassen.

Ihre imposante Architektur soll Angreifer abschrecken. Daneben aber macht ihre Wirkung in der Landschaft die gehobene Stellung ihrer Bewohner für jedermann eindrucksvoll sichtbar.

Im gesamten christlichen Abendland ist die Burg Mittelpunkt politischer und wirtschaftlicher Herrschaft. Sie ist Ort des höfischen Lebens, hier zelebriert eine gesellschaftliche Elite ihren Lebensstil. Mehr als 25 000 mittelalterliche Zitadellen werden im deutschsprachigen Raum die Zeit überdauern, wenn auch oft nur als Ruinen oder in kaum mehr erkennbaren Resten.

Wohl um das Jahr 1193 beginnt Arnold, der Vater des späteren Burgherrn Graf Friedrich, in der Nähe der heutigen Stadt Hattingen mit dem Bau einer Feste auf dem Bergrücken hoch über der Ruhr.

Seine Familie ist eine der bedeutendsten im Rheinland und in Westfalen. Als Graf ist er Teil der Ritterschaft, steht aber gesellschaftlich über den einfachen Reiterkriegern. Seine verstreuten Ländereien erstrecken sich vom Niederrhein bis an den Südrand des Teutoburger Waldes. Der weitläufige Besitz wird geschützt von mehreren Kastellen, die von seinem Rang künden.

Burg Isenberg, der neue Stammsitz der Familie, soll mit seinen imposanten Ausmaßen nicht nur die bisherigen Bauten der Familie übertreffen, sondern auch die meisten weit über die Region hinaus.

Als Erstes ist der Baugrund vorzubereiten. Männer roden den Bauplatz sowie die Umgebung: Burgen sind fast nie von Wald umgeben, damit sich kein Feind im Schutz von Bäumen anschleichen kann.

Möglichst viel Gestein muss in nahe gelegenen Brüchen gewonnen werden können. Es aus weiterer Entfernung herbeizuschaffen, würde lange dauern und wäre auch zu teuer. Nur wertvollen Tuff oder Marmor für Fensterbögen oder Kapitelle brechen Spezialisten in weiter entfernten, größeren Gruben.

Fuhrleute transportieren die unbehauenen oder bereits bearbeiteten Steine sowie Sand und Kalk zum Bauplatz, unterstützt von den bäuerlichen Untertanen der Umgebung. Der Frondienst – eine Art Steuer, die als Arbeit abgeleistet wird – verpflichtet sie zu helfen. Sie heben Gräben aus oder verrichten andere einfache Arbeiten. Nur während der Saat- und Erntezeit sind sie vom Dienst befreit.

Die eigentlichen Arbeiten verrichten spezialisierte Handwerker, Maurer, Zimmerleute und Steinmetze, die anders als die Bauern für ihre Arbeit bezahlt werden. Der Bau eines Kastells auf einem

Bergrücken ist anspruchsvoll, langwierig – und vor allem: äußerst kostspielig.

Jede Burg ist ein Wehrbau. Er muss so befestigt sein, dass wenige Menschen in der Lage sind, ihn zu verteidigen: einige Burgmannen, mehrere Wächter, vielleicht zwei Torwarte und ein Turmmeister, auf einer Bastion von mittlerer Größe etwa zehn bis 30 Mann.

Daher legen die Bauherren großen Wert auf eine hohe Ringmauer, die Hauptburg und Vorburg komplett einschließt. Sie wird als Erstes fertiggestellt.

Zunächst steckt der Baumeister, zumeist ein erfahrener Steinmetz, mit Holzstäben und Schnüren den Verlauf des Walls ab. Der Schöpfer des Entwurfs muss nicht nur in der Lage sein, die Anlage vollständig durchzuplanen, sondern er stimmt auch die Arbeit aller Handwerker aufeinander ab und sorgt dafür, dass die benötigten Materialien rechtzeitig vorhanden sind. Daher muss er ständig auf dem Bauplatz anwesend sein. Skizzen macht er auf Wachstafeln, die sich leicht auswischen oder verändern lassen, manchmal auch einfach auf dem Boden.

°

DIE EIGENTLICHE ARBEIT an der Burg beginnen die Maurer. Über hölzerne Stege, Leitern und Rampen bringen ihnen Handlanger Steine und Mörtel in Körben und Eimern zur langsam emporwachsenden Ringmauer.

Kräne erleichtern ihre Arbeit. Sie sind aus Holz und haben einen langen, schwenkbaren Ausleger, an dessen Ende ein Flaschenzug hängt, der sich von Hand oder mit einem Tretrad bedienen lässt.

Nach der Mauer entsteht der Bergfried. Er ist der Hauptturm und steht an jener Seite der Burg, von der aus sie am leichtesten angegriffen werden kann. Er ist in der Regel 20 bis 40 Meter hoch, überragt die Ringmauer deutlich.

Eine Wehrplattform schließt den Turm in der Höhe ab. Von hier oben aus können Angreifer mit Steinen beworfen oder mit Pfeilen beschossen werden, der Burgherr kann mit gutem Überblick die Verteidigung organisieren.

Als letzter Zufluchtsort bei einem Angriff eignet sich der Bergfried jedoch kaum: Zu eng ist er im Inneren, seinen Mauern fehlen Wehröffnungen. Nur kleine, schmale Schlitze lassen Luft und Licht hinein. Und von hier aus gibt es in einem Notfall keinen Zugang zum lebenswichtigen Wasser.

Erst wenn Ringmauer und Bergfried fertig sind, entstehen nach und nach die Wohn- und Wirtschaftsgebäude.

Der Bau einer Festung ist langwierig. Gut 90 Männer arbeiten zwischen fünf und sieben Jahren an einer Bastion von durchschnittlicher Größe.

Die Errichtung der gewaltigen Isenburg hat sich sogar über gut zwei Jahrzehnte hingezogen – und so hat Graf Friedrichs Vater Arnold, der erste Bauherr, das Ende nicht mehr erlebt. Sein Sohn führte die Arbeiten fort.

Ein mächtiger TURM überragt das Kastell

Und vor kurzem, gerade war der Graf mit seiner Familie auf die Isenburg gezogen, hat der Kölner Erzbischof seinen Besuch angekündigt.

Oft ist es für einen Gastgeber äußerst erfreulich, hochrangige Besucher zu beherbergen – ist eine solche Visite doch vielfach ein Gunstbeweis, der ihn aus dem Kreis gleichrangiger Standesgenossen heraushebt und ihm signalisiert, dass er auf politische Unterstützung des Gastes hoffen darf. In Konfliktfällen ist der mitunter tagelange Aufenthalt eines Fürsten samt Gefolge für den Burgherrn allerdings bedrückend: eine unmissverständliche Drohung und für weniger wohlhabende Ritter zudem eine kaum tragbare finanzielle Belastung.

Engelbert jedoch will jetzt nicht länger als eine Nacht auf der Isenburg verbringen. Der Erzbischof ist nur auf der Durchreise, und die Bastion liegt auf der Hälfte des Weges von den rheinischen zu den westfälischen Besitzungen des Erzbistums, die er besuchen möchte. Ihm Quartier auf seiner Reise zu gewähren dürften der Respekt vor dem hohen Rang und die familiären Bindungen gebieten.

Der Tross des Kirchenfürsten ist mittlerweile vollständig in der Vorburg eingetroffen, die Pferde sind versorgt, erste Worte wurden gewechselt.

An Graf Friedrich ist es nun, die Gäste bergan zur Hauptburg zu führen, in der sich der Wohnbau mit den Privaträumen der Herrschaften in den oberen Geschossen befindet.

Dort beziehen die ranghohen Gäste, von der Reise ermüdet, ihre Quartiere. Es ist anzunehmen, dass Friedrich für den Erzbischof ein Zimmer mit besonders guter Ausstattung ausgesucht hat, vielleicht sogar mit einem Kamin.

Selten nur gibt es in den Burgen auch wohlhabender Aristokraten separate Schlaf- und Wohnzimmer. Holzvertäfelungen oder Wandteppiche sollen in den schlecht beheizbaren Räumen meist vor Kälte schützen – und die Baldachine der Himmelbetten die Schlafenden vor Ungeziefer, das von der Decke fällt.

Immerhin haben die Familienmitglieder des Burgherrn (und natürlich dessen hohe Besucher) je ein eigenes Bett. Die Mägde dagegen ruhen gemeinsam in einem einfach gezimmerten Gestell, Knechte auf Strohlagern, oft im Stall neben den Pferden oder in einer Scheune.

In der Nähe der herrschaftlichen Zimmer befindet sich ein Abort. Er ragt meist aus der Fassade, sodass die Exkremente direkt im Burggraben oder in einer Grube landen. Oder sie werden durch einen Schacht in der Mauer entsorgt.

ZUR SICHERUNG einer Bastion werden umliegende Wälder häufig gerodet. Dann bleiben Feinden bei einer Attacke nur Nacht und Nebel als Deckung

UNTER DEN DÄCHERN der Feste leben etliche Bedienstete. Komfortable Häuser bewohnt nur das adelige Personal; Knechte schlafen häufig sogar im Stall

DIE GROSSEN RÄUME der Adeligen sind schlecht zu beheizen. Wandbespannungen aus Stoff sollen Kälte, die Baldachine der Betten zudem Ungeziefer abhalten

NUR DIE ZIMMER der Herrschaften verfügen über Fenster aus Glas. Sonst ist es fast überall in der Zitadelle düster

BEI HOHEM Besuch glüht in der Küche tagelang das Herdfeuer – für ein Gastmahl werden Unmengen an Fleisch gegart

FESTTAGE sind selten auf der Burg. Meist ist der Alltag der Bewohner eintönig – besonders in der dunklen Jahreszeit

Auf Burg Isenberg liegen einige Abortschächte an der Westseite. Hier fällt das Gelände steil ab, der Regen kann den Unrat wegspülen. In der Nacht oder im Winter bevorzugen die Burgbewohner allerdings Nachttöpfe.

In einem hohen Erdgeschossraum des herrschaftlichen Wohngebäudes oder in einem Anbau direkt nebenan liegt die Küche. Schon seit Tagen wird hier das Festmahl vorbereitet, wird gekocht, gebraten, gebacken, geschmort. Die Essensdüfte durchziehen die ganze Burg.

In der Glut des Herdplatzes stehen tönerne Töpfe, die nicht nur zum Kochen dienen, auch Lebensmittel können in ihnen aufbewahrt werden.

Auf Spießen grillt das Fleisch. Stücke von Schwein und Rind, von Hühnern, Fasanen, Enten, ganze Lämmer. Auch Fisch, Hecht, Flussbarsch und Barben aus der Ruhr werden wohl serviert.

Die Küche hat ihren Platz stets in der Nähe einer Wasserstelle. Jede Burg hat eine eigene Wasserversorgung, sonst könnte sie keine Belagerung überstehen.

Doch da es nur selten möglich ist, auf felsigen Höhen einen Brunnen zu errichten, verfügen die meisten Kastelle über gemauerte Zisternen, in denen sich Regenwasser sammelt.

°

ALLES IST VORBEREITET. Der Hausherr empfängt die Gäste im Saal, dem hallenartigen Hauptraum, der sich in einem Obergeschoss befindet. Er ist größer und prächtiger als die Wohnräume. Hier sind die Wände verputzt, geschmückt mit Malereien und Teppichen.

Hier gibt es vielleicht sogar Glasfenster, im Mittelalter ein Luxus. Sonst werden die Maueröffnungen mit Pergament, Häuten oder Stoff abgedichtet. Sind die Fenster – wie jetzt – verschlossen, lassen sie nur milchig-trübes Licht in den Saal.

Fackeln, Kerzen und Leuchter sorgen für etwas Beleuchtung.

Die Einrichtung ist karg. Entlang der Wände stehen Bänke. Den Raum beherrscht der große Wandkamin, in dem ein offenes Feuer brennt.

Der Burgherr und seine Frau haben ihre Festkleidung angelegt. Ihre Gewänder sind aus kostbaren Stoffen gefertigt, meist aus teurer orientalischer oder venezianischer Seide, reich gemustert in grell-bunten Farbtönen, die der Adel so liebt – etwa Grün und Rot, kombiniert mit Gelb, Violett oder Blau, den Modefarben jener Zeit.

Eng geschnürt betont das Kleid der Burgherrin ihre Taille und Brust, vom Gürtel abwärts fällt es in Falten so weit hinab, dass es beim Gehen gerafft werden muss. Auch die Ärmel in Trompetenform sind ausgesprochen lang. Nach neuester Mode trägt sie eine Schleppe aus durchscheinendem Gewebe.

Ebenso teuer wie der BAU ist der Burgbetrieb

Das Obergewand des Herrn unterscheidet sich kaum von dem der Frau. Allerdings ist der Männerrock an Vorder- und Rückseite geschlitzt, damit er in ihm auch reiten kann.

Das Gewand hat der Schneider – so trägt man es jetzt – vorn ein wenig gekürzt, um die Beine zur Schau zu stellen, die in eng anliegenden Hosen stecken.

Um sich von den Bauern abzuheben (deren Frisur seit alters her stets kurz sein muss), trägt der Herr das Haar lang, es reicht bis über die Ohren.

So auffällig und farbenprächtig die Kleidung der Vornehmen ist, so unscheinbar wirkt dagegen das Schuhwerk – ein bis zu den Knöcheln reichender zierlicher Schlupfschuh, der über dem Spann mit Spangen oder Bändern geschlossen wird.

Erst im 15. Jahrhundert werden die extrem langen und spitz zulaufenden Schnabelschuhe, die selbst langsames Gehen behindern, bei allen Ständen beliebt werden.

Sind alle Gäste versammelt, gibt der Herr des Hauses das Zeichen, die Tische aufbauen zu lassen. Nur für die Mahlzeiten werden sie in den Saal getragen, einfache Böcke, auf die man Platten oder Bretter legt. Wertvolle Damasttischtücher aus Italien, die bis zum Boden reichen, machen sie zu festlichen Tafeln.

Bevor sich alle niederlassen, reichen die Bediensteten Wasser in Schüsseln zum Händewaschen.

Mit viel Bedacht hat der Burgherr die Sitzordnung festgelegt, der jeweils zugewiesene Platz soll dem Rang des Gastes entsprechen. Meist sitzt der Gastgeber am Kopfende oder in der Mitte der Längsseite, der vornehmste Gast – an diesem Abend Erzbischof Engelbert – direkt neben ihm. In absteigender Rangfolge zur Linken und zur Rechten folgen die übrigen Geladenen.

Die Tafelnden speisen mit dem Rücken zum wärmenden Kamin. Von der anderen Seite wird serviert, bei großen Gastmählern rutschen die Bediensteten gar auf Knien heran, damit die Festgesellschaft freien Blick auf Musikanten, Jongleure und Gaukler in bunten Kleidern hat – oder auf Dichter und Minnesänger, die von ritterlichen Helden und ihren Liebesabenteuern berichten.

Diener tragen die Speisen in gedeckelten Schüsseln auf. Die zahlreichen Gänge, jeder vom Koch aus mehreren Gerichten zusammengestellt, sind Zeichen der Ehre, die der Burgherr seinen Gästen erweist.

Obwohl die Ritter auf die Jagd gehen, gibt es auf Burgen selten Wild. Das meiste Fleisch liefern Schweine, Rinder, Hühner aus eigener Zucht. Das Weißbrot ist aus fein gemahlenem Weizen. Das Gemüse wird im Burggarten geerntet oder kommt vom Wirtschaftshof.

SCHREIBSTUBE auf Burg Eltz: Im Winter bleibt den adeligen Bewohnern Zeit für Verwaltungsarbeiten und zum Lesen

25 000 BASTIONEN haben im deutschsprachigen Raum die Zeiten überdauert. Die Burg Eltz sicherte einst einen Handelsweg durch die Eifel

GROSSE EMPFÄNGE finden im großen Saal statt. Sie bringen dem Besitzer der Feste Renommee, aber auch gewaltige Kosten

Die Fleischspeisen, Höhepunkt jedes Festmahls, haben die Köche mit besonderer Sorgfalt vorbereitet. Die besten und zartesten Stücke werden dem ranghöchsten Esser gereicht: Engelbert.

°

DER ERZBISCHOF ist ein anspruchsvoller Gast. Zum einen steht er in der gesellschaftlichen Hierarchie über Graf Friedrich, zum anderen ist er ein höchst ehrgeiziger Mann, der eine schnelle Karriere in der Kirche gemacht hat. 1212 hat er am Kreuzzug gegen die Albigenser in Südfrankreich teilgenommen – allerdings wohl nur die vorgeschriebene Mindestzeit von 40 Tagen, die für den Erlass von Sündenstrafen erforderlich ist.

Erst Anfang des Jahres 1216 ist Engelbert zum Bischof gewählt worden, da hatte er das dafür nötige Mindestalter von 30 Jahren erreicht. Manche werden dem Kleriker später nachsagen, hochfahrend und herablassend zu sein, oft den irdischen Dingen ergeben, vor allem dem Streben nach Macht. Und auch weltliche Genüsse wie ein gutes Mahl wird er wohl zu schätzen wissen.

An Festtagen wie diesem ist das Essen nicht nur überwältigend üppig, sondern auch äußerst stark gewürzt. Mit dem verschwenderischen Gebrauch importierter Gewürze stellt der Gastgeber seinen Reichtum zur Schau. Ein Pfund Muskatnuss etwa kostet so viel wie sieben Ochsen. Auch Pfeffer, Ingwer und Zimt sind teuer.

Die erlesenen Spezereien haben die italienischen Seerepubliken Genua und Venedig über die Seidenstraße, das Rote Meer und die Levante importiert.

Auf dem Landweg und mit dem Schiff werden sie in ganz Europa vertrieben und auf den großen Messen verkauft.

Graf Friedrich hat die Gewürze vermutlich aus Köln bezogen, denn dank des Rheins ist die Stadt ein wichtiger Umschlagplatz für Waren.

Gastgeber und Gäste essen von Brettchen, Tellern aus Keramik oder einfachen Platten aus Holz oder Zinn. Tafelgeschirr aus Silber gibt es selbst an herrschaftlichen Tafeln nur selten. Meist teilen sich zwei Gäste ein Trinkgefäß.

Die Getränke, üblicherweise Wein, tragen Diener in großen Krügen in den Saal. Wenn der Hausherr es sich leisten kann, ist er aus dem Süden importiert – der heimische Wein ist vielfach sauer oder fade und muss mit Honig gesüßt oder mit Pfeffer und anderen Gewürzen erst schmackhaft gemacht werden.

Alle Anwesenden essen mit der Hand. Brotscheiben, die auf dem Tisch verteilt liegen, dienen ihnen als Unterlage für Fleischstücke und Fisch, oder sie tunken sie in Brühen, Saucen, den Wein. Messer zum Zerteilen der großen Stücke sowie Löffel für Suppen und Breie bringen die Gäste meist selber mit. Gabeln dagegen sind als Essbesteck verpönt, weil sie an Heu- oder Mistgabeln erinnern.

Die vielen Gänge, der viele Wein, die Gespräche – das Festessen auf der Burg Isenberg hat sich hingezogen. Zufrieden nehmen die Anwesenden die letzten Bissen zu sich. Vielleicht hat Engelbert von seiner Wahl zum Bischof erzählt.

Vielleicht auch haben sie über Literatur und den Dichter Walther von der Vogelweide geredet, dessen Gönner Erzbischof Engelbert ist. Und sicherlich wird der Kleriker sich anerkennend über die prächtige Festung Friedrichs und die erlesenen Speisen geäußert haben.

Ist das Mahl beendet, reichen die Diener noch einmal Wasser zum Säubern der Hände, dann tragen sie die Tische aus dem Saal. Es ist spät geworden.

Bei vielen Gastmählern spielen nun Musikanten zum Tanz auf. Wenn ein so hoher kirchlicher Würdenträger wie Engelbert zu Gast ist, wird der Burgherr darauf aber verzichten, da die Kirche den Tanz verurteilt. Aber vielleicht nutzt der Erzbischof die abklingende Feststimmung, um nun den Streitfall um die Güter des Stifts Essen anzusprechen.

°

GASTMÄHLER WIE DIESES sind seltene Ereignisse auf einer Burg – willkommene Höhepunkte in einem oft eintönigen Alltag ohne höfisch-ritterlichen Glanz.

Nur die Jagd bietet Abwechslung, gehört sie doch zu den Privilegien des Adels. Ein standesgemäßer Zeitvertreib, so beliebt, dass die hohen Herren ermahnt werden müssen, darüber sonntags nicht den Gottesdienst zu versäumen.

Einen großen Teil der warmen Monate ist der Burgherr indes auf Reisen, um seinen Lehnsherrn zu beraten, Urkunden für ihn zu bezeugen, Gegnern Drohbesuche abzustatten, Fehden zu führen oder – seltener – für den König in den Krieg zu ziehen. Doch spätestens im Winter ist er meist wieder daheim.

Dann werden die Tage auf der Höhenburg lang. Kälte, Enge, Dunkelheit und Langeweile bestimmen die Zeit. Die Mahlzeiten sind karg: Brot, etwas Saft und Wein, Sauerkraut, eingelegte Gurken, Pökelfleisch (einen Teil des Viehs hat der Verwalter schon im Herbst schlachten und durch Salz konservieren lassen).

Selbst im Sommer kann das Licht, das durch schmale Schlitze fällt, die Räume in der Burg kaum erhellen. Im Winter sind sie oft mit Holzläden verschlossen. Kaminfeuer spenden dann ein wenig Licht, ebenso Kerzen aus Rindernierenfett oder Hammeltalg. Oder stinkende Öllampen. Und Fackeln rußen stark und schwärzen die edlen Wandteppiche.

Die Mauern können die Kälte kaum abhalten. Zumindest einen Raum versucht man mit dem Ofen einigermaßen warm zu halten. Die Monate im Dämmerlicht können endlos werden.

Spiele sind ein Zeitvertreib an diesen tristen Wintertagen: Würfeln, Brettspiele wie Dame, Mühle und vor allem Schach, das als das „ritterliche" Spiel gilt.

Die Frauen beschäftigen sich mit Handarbeit, während die Kinder mit Keramikpuppen, Pferdchen oder anderen Tierfigürchen spielen. Es wird musiziert, Harfe, Flöte oder Geige gespielt – und

Fehde

DAS LEGALE FAUSTRECHT

Ritter und Burgherren sühnen Unrecht selbst

Sehr viel häufiger als in einer Schlacht kämpfen Ritter in einer Fehde (von althochdeutsch *fehida*, „Feindschaft"): einem Akt der Selbstjustiz, der ihnen erlaubt ist.

Wenn sich ein Ritter durch einen Adeligen in seinen Rechten verletzt sieht (etwa weil der einen seiner Vasallen getötet hat), darf er gegen ihn in einen Privatkrieg ziehen. Dafür aber muss er die Fehde offiziell erklären, sonst kann er für Schäden haftbar gemacht werden.

Der Konflikt ist beendet, wenn einer der Kontrahenten seine Niederlage anerkennt. Die Bedingungen bestimmt der Sieger, der Verlierer muss schwören, auf Rache zu verzichten.

Der Kampf selbst ist fast regellos, besteht vor allem darin, dem Gegner Schaden zuzufügen, Dörfer zu verheeren, Vieh zu stehlen, Bauern zu töten.

Weil Fehden oft zu unkontrollierter Gewalt führen (und zudem häufig nur Vorwände für Raubzüge sind), gehen Könige, Fürsten und Städte immer wieder dagegen vor.

Doch erst im 16. Jahrhundert wird es ihnen gelingen, diese Form der Selbstjustiz wirksam einzudämmen.

gesungen: Gesangsunterricht und das Spielen eines Instruments sind Teil der adeligen Erziehung.

Die Musik gehört zur Lebenswelt eines Ritters so wie die Minne, die von der Unerreichbarkeit einer tugendhaften Angebeteten erzählt. Auch Romane und Heldenbücher schätzen die Adeligen. Meist werden diese Werke von der Dame des Hauses oder einem fahrenden Dichter laut vorgetragen.

°

VOR ALLEM IN SOLCHEN Romanen erleben die Herren der Burgen Schlachten und Heldentum – nur selten dagegen im wirklichen Leben.

Wenn sie einmal in Kämpfe verwickelt werden, dann zumeist in Fehden, in Kleinkriege zwischen Adeligen, in Rachefeldzüge, die den Gegner schädigen sollen. Dann verwüstet und plündern die Angreifer die herrschaftlichen Güter ihres Kontrahenten, rauben das Vieh, brennen umliegende Dörfer und die Ernte nieder und nehmen ihm so die Vorräte für den Winter.

Die Burg selbst ist bei solchen Auseinandersetzungen meist ein sicherer Rückzugsort – wenn auch nur für ihre kaum mehr als 20 Bewohner. Viel zu gedrängt ist der Platz innerhalb der Festungen, um die Menschen des Umlands aufzunehmen, viel zu gering sind die gelagerten Vorräte, um sie zu versorgen.

Die bäuerlichen Untertanen, die keine Waffen tragen dürfen, haben kaum eine andere Wahl, als bei einer herannahenden Feindesschar mitsamt ihrer Habe und ihrem Vieh in den Schutz von Wäldern oder einer nahen Stadt zu fliehen.

Selbst wenn ein Gegner die Festung angreift, will er sie meist nicht zerstören – sondern erobern. Gelingt ihm dies, gilt er fortan als ihr rechtmäßiger Besitzer und erhält obendrein das dazugehörige Land und dessen Einkünfte.

Schafft es ein Angreifer nicht, die Burg mit einem überraschenden Überfall, durch Verrat oder eine List zu nehmen oder mit Drohungen die kampflose Übergabe zu erzwingen, wird es mühsam, teuer und zeitaufwendig für ihn.

Da Belagerungen großer und gut ausgerüsteter Zitadellen Monate dauern können, erfordern sie erhebliche Mengen an Waffen, Ausrüstung und Truppen.

Nur eine stattliche Kriegsmacht, etwa die eines Königs, eines Landesfürsten oder einer Ritterallianz, kann sich auf dieses Wagnis einlassen.

Bei einem Angriff rücken die Belagerer dann langsam vor, durch mannshohe Schilde vor den Bogenschützen in der Festung gesichert, zielen selber auf deren Besatzung – und treffen mit ihren Pfeilen aus 30 Meter Entfernung durch die engen Schießscharten.

Der Streit mit dem GAST endet tödlich

Sobald die Angreifer die Burg erreicht haben, versuchen sie die Ringmauer zu unterminieren: Sie graben (falls der Boden nicht zu hart ist) unterirdische Stollen und stecken dort Holz in Brand, um die Mauern zum Einsturz zu bringen.

Das Unterminieren ist lange Zeit die erfolgreichste Methode, um eine Burgmauer so zu beschädigen, dass sie einstürzt. Doch etwa seit dem Jahr 1200 gibt es eine neue, furchterregende Wurfmaschine, mit der sich Mauern sehr viel schneller brechen lassen: die Blide.

Frühere Katapulte haben Steine in hohem Bogen über die Mauern geschleudert und so Dächer zerstört, nicht aber Mauern. Die Blide nun ist sehr viel größer und präziser.

Mithilfe eines Gegengewichts wird ihr langer Hebelarm in Schwung gebracht. Wegen der starken Beschleunigung des Geschosses können Bliden Steine von mehr als 100 Kilogramm Gewicht gut 500 Meter weit zielgenau schleudern. Wieder und wieder beschießen Angreifer die Ringmauer dann an einer bestimmten Stelle, bis sie bricht und sich eine Lücke für die Attacke auftut.

Mit der Blide lassen sich aber auch Brandsätze, Bienenstöcke, verwesende Tierkadaver oder stinkender Unrat in die Anlage schleudern – nicht nur der Wehrbau, auch Gesundheit und Mut der Verteidiger sollen geschwächt werden.

Mögen die Schäden durch den Beschuss noch so groß sein: Wenn sich die Burgbesatzung nicht ergibt oder zu Verhandlungen bereit ist, bleibt den Angreifern nur der Sturm auf die Feste.

Um die Feinde aufzuhalten, legt die Burgbesatzung oft Fußangeln aus, die schmerzhafte Wunden verursachen, wenn man auf sie tritt.

Ohnehin sind die Verteidiger im Vorteil durch ihren erhöhten Standort, von dem aus sie Steine auf die Angreifer herabschleudern. Selbst kleine Burgbesatzungen können, gedeckt durch Zinnen und Brustwehren, die Attacke eines starken Gegners abwehren.

Gelingt es den Belagerern dennoch, in die Feste einzudringen, kommt es zum Kampf Mann gegen Mann, wird vor allem mit dem Schwert gekämpft, der wichtigsten Nahkampfwaffe des Ritters.

Und die Verluste sind hoch, auf beiden Seiten. Denn die Kämpfenden können sich jetzt nur mit einem leichten Schild schützen. Die Fluchtwege aus der Burg versperren die Angreifer. Auch der Rückzug in den Bergfried ist kaum möglich: Der Aufstieg führt über schwankende Leitern oder enge, steile Treppen.

Da die Ritter diese Gefahren kennen, enden die meisten Belagerungen entweder mit der Kapitulation des Burgherrn – oder dem Abzug der Angreifer.

Oft entscheiden allein die Kampfmoral und der Durchhaltewille von Angreifern und Verteidigern über den Ausgang einer Belagerung.

Als der römisch-deutsche König Philipp im Jahr 1204 mit mehreren Tausend Mann gegen Burg Weißensee anrückt, übergibt sie der Burgherr, der thüringische Landgraf, binnen sechs Wochen. Als acht Jahre später Kaiser Otto IV. die gleiche Festung belagert und sie außerdem mit Bliden beschießen lässt, muss er, obwohl die Geschosse schwere Schäden anrichten, erfolglos wieder abziehen.

Viel eher als Kämpfe machen Verfall, Brände, Blitzeinschläge eine Bastion zur Ruine. Zu großen Gefechten kommt es, wenn überhaupt, auf freiem Schlachtfeld. Im Durchschnitt erlebt nur jede dritte Generation von Burgbewohnern eine Belagerung. Der Alltag auf einer Festung ist meist von friedlicher Geschäftigkeit bestimmt.

LITERATURTIPPS

G. ULRICH GROSSMANN
»Die Welt der Burgen«
Anschaulich erzähltes Überblickswerk (C. H. Beck).

STEFAN LEENEN
»Die Burg Isenberg in Hattingen«
Knappe Einführung in die Geschichte der Festung (Altertumskommission für Westfalen).

Am Morgen nach dem Festmahl haben sich Burgherr und Gäste früh aus ihren Betten erhoben und zum Frühstück, wie es üblich ist, einen Becher Wein zu sich genommen.

Engelbert drängt zum Aufbruch. Er will rasch zu seinen westfälischen Gütern weiterreisen, denn er macht sich Sorgen um den Zustand seines Erzbistums.

Jahrelang währende Kämpfe um den deutschen Thron zwischen Otto IV. aus dem Geschlecht der Welfen und dem Staufer Friedrich II. haben sein Herrschaftsgebiet zerrissen, weil sich Städte und führende Adelige unterschiedlichen Parteien angeschlossen hatten. Erst die Schlacht bei Bouvines am 27. Juli 1214 (siehe Seite 24) hat den Thronstreit militärisch entschieden – zugunsten Friedrichs, der damit auch um Köln seine Macht behauptet hat.

Engelbert will nun persönlich erkunden, welche verheerenden Folgen die unruhige Zeit hinterlassen hat; zuletzt sind die Einkünfte aus dieser Region dramatisch gesunken. Er möchte dort jetzt Präsenz zeigen, der herzoglichen Gewalt wieder Geltung verschaffen.

Mehr noch: Er will seinen Machtbereich ausdehnen. Nicht nur die Essener Vogtei, alle geistlichen Güter, die von Adeligen verwaltet werden, sollen wieder in den direkten Besitz der Kirche gelangen.

Die Knechte haben die Pferde aufgeschirrt. Die Edelsten von Engelberts Reisegruppe haben ihre pelzgesäumten Mäntel mit Kapuze übergezogen. Nun ist es Zeit, sich zu verabschieden. Dann sitzen der Erzbischof, seine Berater und die Panzerreiter auf und reiten durchs offene Burgtor davon.

Eine Einigung im Zwist um das Stift Essen haben Friedrich und Engelbert nicht gefunden. Noch aber können die unterschiedlichen Interessen an den Gütern des Stifts ihre familiäre Beziehung nicht nachhaltig überschatten.

Doch mit den Jahren wird sich der Streit verschärfen. Und schließlich, nachdem alle Gespräche und Vermittlungsversuche scheitern, eskalieren.

Wenige Jahre nach dem Besuch von Engelbert auf der Isenburg überfällt Graf Friedrich am 7. November 1225 als Anführer einer Verschwörung den Erzbischof, seinen Verwandten, auf dem Weg zu einer Kirchenweihe. Geplant ist wohl, den Geistlichen gefangen zu nehmen – wahrscheinlich, um Zugeständnisse über den Besitz des reichen Frauenstifts Essen von ihm zu erpressen.

IN KÜRZE

Nur selten kommt es im Mittelalter zu Kämpfen um die schwer einnehmbaren Burgen des ritterlichen Adels. So bestimmen friedliche Geschäftigkeit und Feste das Leben in den an kühnen Standorten errichteten Bastionen, die von der Macht ihrer Besitzer künden.

Doch der Anschlag verläuft nicht nach Plan: Engelbert kommt bei dem Überfall ums Leben. Graf Friedrich von Isenberg muss fliehen.

Weil er als Haupttäter gilt, wird er auf Drängen des Kölner Erzbistums vom König geächtet und im folgenden Jahr schließlich festgenommen.

Anfang November 1226 verurteilt ihn ein Gericht des Kölner Erzbistums zum Tode. Am 13. November schließlich zerschlagen Schergen dem Delinquenten alle Arme und Beine; anschließend flechten sie die gebrochenen Glieder des immer noch lebendigen Grafen in die Speichen eines Rades – die schimpflichste und ehrloseste Form der Hinrichtung

Zum Schluss lässt der Scharfrichter das Rad an einem Pfahl aufrichten und zündet darunter ein Feuer an.

Die Mauern der Burg Isenberg werden kurz darauf geschleift. Auf ganzer Länge schlagen Arbeiter tiefe Höhlungen in den Fuß der steinernen Umfassung, stützen die Stollen mit Holzstangen ab, füllen sie mit Brennmaterial und zünden es an.

Sobald das Feuer die Stützen zerstört hat, stürzt das darüber liegende Gebäude ein. Was danach noch steht, was noch übrig ist von der Burg, wird in Brand gesetzt. Gut 30 Jahre nachdem der Bau der gewaltigen Festung begonnen hat, wird sie „dem Erdboden gleich" gemacht, wie es in der „Kölner Königschronik" heißt. Sie wird zur Ruine.

Lange vor der Zeit. ◊

UM RUHM. UM EHRE. UND UM GELD

Im November 1179 treffen sich 3000 Adelige nahe Paris zum wohl größten Turnier des Zeitalters. Für die Kämpfer ist es eine Möglichkeit, sich vor den Augen des französischen Hofs auszuzeichnen – und durch Siege reich zu werden. Unter den Angereisten ist auch der Engländer William Marshal, der bei seinen Standesgenossen als der beste aller Ritter gilt

IM 12. JAHRHUNDERT fechten die Recken im Turnier mit echten Waffen – wie hier mit scharfen Schwertern, aber auch mit Streitäxten, Keulen und Lanzen. Zwar ist der Tod des Gegners nicht das Ziel der Kämpfer; dennoch sterben immer wieder Ritter in den Duellen

TEXT: *Philipp Mattheis*

Der förmliche Teil der Feier ist beendet: Frankreichs neuer König ist gekrönt und gesalbt. Würdevoll haben Fürsten, Ritter und Honoratioren aus ganz Europa an diesem 1. November 1179 die jahrhundertealten Rituale in der Kathedrale von Reims verfolgt, haben beobachtet, wie ein Erzbischof Stirn, Brust und Schultern des Thronfolgers mit heiligem Salböl bestrich, wie er dem neuen König die Krone feierlich auf das Haupt legte.

Einige Tage später beginnt der zweite, entfesselte Teil des Programms: das Ritterturnier. Zunächst jedoch müssen die Gäste eine beträchtliche Strecke hinter

sich bringen. Der nächstgelegene Platz für ein Turnier dieser Größe liegt gut 100 Kilometer entfernt, bei Lagny, einem Dorf an der Marne, nicht weit von Paris. Mehrere Tage dauert die Anreise zu Pferd.

Als sich die Ankömmlinge Lagny nähern, sehen sie schon von Weitem, welch ein Spektakel geplant ist. Rings um den Ort und entlang des Marne-Ufers stehen Dutzende Zelte, eine wachsende Stadt aus Segeltuch, über der der Rauch von Lagerfeuern aufsteigt.

Die meisten Besucher sind direkt von den Krönungsfeierlichkeiten angereist, selbst wenn nicht alle Festgäste die Mühen auf sich genommen haben; der eben gekrönte König etwa ist in Reims geblieben. Aber es kommen zahlreiche adelige Zuschauer, Höflinge, Hofdamen.

Und natürlich erscheinen die Ritter: einzeln, in kleinen Teams, aber auch in Mannschaften, die Armeen gleichen. Insgesamt 3000 Reiterkämpfer sind schließlich versammelt – zum vermutlich größten Turnier des Mittelalters.

Fast jeder Ritter bringt ein Gefolge von Bediensteten mit: ihre Knappen, die die Waffen pflegen, polieren und vorbereiten, die Pferde füttern und einsatzbereit machen; Knechte, die das Lager organisieren, Bäume und Hecken fällen, um an dringend benötigtes Feuerholz zu kommen.

Im Dorf selbst bieten Bauern Schinken, Wein und Brot an. Fahrende Händler verkaufen Zaumzeug, Gürtel, Rüstungsteile für jene Ritter, die ihre Ausstattung noch vervollständigen müssen. Schmiede hämmern, um schadhafte Helme, Schwerter und Kettenhemden für den Kampf herzurichten.

NUR ADELIGEN ist die Teilnahme an einem Turnier gestattet. Manche Ritter weisen ihre aristokratische Herkunft durch ihr Wappen nach, das sie auf dem Schild tragen

EUROPAS Elite REIST ZUM TURNIER

In einiger Entfernung von Lagny erbauen Zimmerleute die letzten Tribünen und Unterstände für das Publikum; in den Tavernen des Dorfes warten Prostituierte und Diebe auf Freier und Beute. Quacksalber preisen schon ihre Fähigkeiten an, falls es Knochenbrüche und Wunden geben wird.

Das Starterfeld ist illuster: Die Elite der europäischen Turnierkämpfer hat sich an der Marne versammelt; die meisten der Panzerreiter sind hart im Zweikampf, talentiert und erfahren.

Das größte Team bringt Englands Thronfolger Heinrich mit nach Lagny: insgesamt 560 Kämpfer. Die Ankunft seiner gefürchteten Mannschaft ringt den Anwesenden Respekt ab. Aber auch Heinrich selbst: Er ist stattlich und hochgewachsen. Edler kann ein Ritter kaum sein.

Auch unter seinen Gefolgsleuten sind berühmte Adelige, etwa Guillaume des Barres aus der Umgebung von Lagny, ein „kluger, tapferer Ritter", wie ein zeitgenössischer Chronist notiert.

Oder Jean de Préaux, ein Normanne, von dem es heißt, er sei „Gold wert, wenn es darum geht, Schläge wegzustecken".

DER BEDEUTENDSTE Kämpfer in Heinrichs Equipe aber ist William Marshal – ein Mann, der vielen als der beste Ritter seiner Zeit gilt. Keiner teile so mächtige Schläge aus wie der 30-Jährige, erzählt man sich ehrfurchtsvoll, keiner lenke so geschickt sein Pferd, keiner könne wie er die Zügel des Tieres eines Gegners ergreifen und es samt Reiter einfach abführen.

So hervorragend ist der Ruf von William, so tadellos sein Leumund, dass ihn Englands König zum Mentor und Beschützer seines Sohnes Heinrich ernannt hat. Zudem ist Marshal dank seiner langjährigen Erfahrung auch Chefstratege des englischen Teams.

Endlich ist es so weit: Fünf Tage nach der Krönung in Reims beginnt der Wettkampf. Einige Stunden nach Sonnenaufgang rufen Herolde die Ritter auf den Kampfplatz, ein gewaltiges, mehrere Quadratkilometer großes Areal am abfallenden Ufer der Marne.

Ein Turnier besteht in dieser Zeit noch nicht aus besonderen technischen Einzeldisziplinen wie etwa dem Lanzenstechen (das beginnt erst im folgenden Jahrhundert), sondern ist im Prinzip die Simulation einer echten Schlacht. Die Panzerreiter messen sich in einem nur wenig geordneten Massenkampf mit scharfen Waffen.

Der wichtigste Unterschied zum Krieg: Die Beteiligten versuchen es nach aller Möglichkeit zu vermeiden, den durch seine Rüstung ohnehin geschützten Gegner ernsthaft zu verletzen oder gar zu töten (auch wenn trotzdem immer wieder Ritter im Wettkampf ihr Leben lassen).

Die Angereisten sind wie üblich in zwei Lager eingeteilt worden. Diesmal treten Engländer, Normannen und Franzosen gegen Krieger aus den Regionen Anjou, Poitou und der Bretagne an. Die beiden Lager, jeweils etwa 1500 Mann stark, haben keine obersten Anführer, in ihnen verbinden sich lediglich zahlreiche Einzelkämpfer mit größeren Teams.

WAFFENROCK, Schulterschutz und Schild dieses Turnierkämpfers tragen sein persönliches Wappen

DAS SCHWERT eines Ritters ist 90 Zentimeter lang und ein Kilogramm schwer, die Klinge beidseitig geschliffen

Für jedes Lager haben die Organisatoren einen besonderen Bereich des Areals eingerichtet, in dem später, wenn die Duelle toben, die Knappen erschöpfte und verwundete Ritter in Empfang nehmen sowie ihre Herren mit frischen Pferden und Waffen versorgen werden.

Inzwischen haben die Turnierkämpfer ihre Position eingenommen, stehen auf breiter Front der gegnerischen Mannschaft gegenüber. Die Männer tragen Kettenhemden und topfförmige Helme, sitzen auf kräftigen Araberpferden.

Über den Rüstungen haben sie Waffenröcke mit ihren persönlichen Wappen oder den Zeichen ihres Teams angelegt – nicht aber Erkennungszeichen für eines der beiden Großlager. Die Beteiligten müssen selber versuchen, den Überblick zu behalten, sich durch Rufe verständigen. Eine übergeordnete Strategie gibt es ohnehin nicht. Nur drei Ziele.

Zum einen soll das eigene Lager den Schlagabtausch sichtbar gewinnen, die gegnerischen Formationen aufbrechen und niederringen.

Zum anderen hofft jeder Ritter auf die Auszeichnung als bester Einzelkämpfer, die die anwesenden Herolde vergeben – jene Beobachter, die das Kampfgeschehen für die Zuschauer kommentieren, und alle Teilnehmer genau kennen.

Und schließlich geht es auch darum, Beute zu machen. Denn wer einen anderen Turnierteilnehmer vom Pferd stößt, überwältigt und gefangen nimmt, darf dessen wertvolle Kampfausrüstung und die Pferde an sich nehmen. Oft handeln die Kontrahenten auch eine Art Lösegeld aus, für das die Gefangenen nach kurzer Zeit schon wieder freigelassen werden.

Die adeligen Zuschauer, viele Damen darunter, haben nun die Tribünen eingenommen, die am Saum des Turnierplatzes emporragen. Volk aus der Umgebung hat sich ebenfalls eingefunden und steht an den Rändern des Areals.

Endlich schmettern die Fanfaren durch die Herbstluft.

„Helme auf!“, ruft ein Herold. „Dex Aie“, erschallt der Ruf vieler Ritter: „Gott helfe uns.“

ENTOURAGE EINES RITTERS. Die meisten Turnierkämpfer werden von ihren Knappen begleitet, die sich um Waffen, Rüstung und Pferde kümmern

KURZ DARAUF galoppieren die Vertreter beider Lager aufeinander zu, die Lanzen erhoben.

Pferde wiehern, Metall scheppert. Nur Meter vor einem Aufprall senken die Ritter ihre Waffen.

Wer jetzt panisch wird oder die Kontrolle über sein Pferd verliert, der gehört schon zu den Verlierern. Einmal, zweimal wiederholen die Männer diese Attacke.

Nun erst beginnt der Nahkampf, verkeilen die Kontrahenten ihre Pferde ineinander, prügeln mit

Keulen und Schwertern aufeinander ein, bis einer aufgibt, vom Pferd fällt oder so benommen ist, dass ihn sein Gegner samt Ross in die eigene Schutzzone abführen kann.

Die Duelle sind wild, heftig, chaotisch. Die Zuschauer können kaum erkennen, was genau vor sich geht. Sie sind auf die Herolde angewiesen, die ihnen Informationen über das Kampfgeschehen zurufen.

Für die Engländer um William Marshal läuft es gut: Panik scheint in den Reihen der Gegner auszubrechen, viele flüchten. Williams Männer fühlen sich sicher (können wohl auch ihre Gier nach Ruhm und Beute nicht unterdrücken) und preschen den Fliehenden auf Befehl Heinrichs hinterher – so schnell, dass sie es versäumen, den Thronfolger abzusichern. Plötzlich steht Heinrich allein da.

Binnen Kurzem umringen Ritter des gegnerischen Lagers den prominentesten Turnierteilnehmer und versuchen ihn vom Pferd zu stoßen. Einem Kämpfer gelingt es, Heinrichs Helm herunterzureißen.

William Marshal hat den Thronfolger im Auge behalten, ist nicht, wie die anderen Kameraden, davongesprengt. Er hat bereits viele Turniere bestritten, bei Dutzenden Wettkämpfen brilliert. Die Erfolge haben ihn berühmt und wohlhabend gemacht.

Doch nun droht unglaubliche Schmach. Wird Englands Thronfolger auf dem größten aller Turniere in Gefangenschaft geraten?

William Marshals Familie stammt ursprünglich aus der Normandie und ist wahrscheinlich 1066 mit Wilhelm dem Eroberer nach England gekommen. Der Großvater war Ritter und königlicher Beamter mit dem Titel eines *marshal*. Daher der Beiname der Familie.

William kommt um 1147 zur Welt, als vierter von sechs Söhnen eines niederen Adeligen. Wohl im Jahr 1160 schickt ihn der Vater in die Normandie. Dort soll der 13-Jährige zum Ritter werden – als Knappe im Dienste des Normannen William von Tancarville.

Der weithin geachtete Reiterkrieger, dessen Burg auf einem Felsen oberhalb der Seine thront, ist ein Vetter von Williams Mutter.

Eigentlich ist der Junge für eine Ausbildung zum Knappen schon zu alt, denn meist beginnt die Lehre bereits mit acht bis zehn Jahren und endet acht Jahre später.

In dieser Zeit sollen aus den Eleven Männer geformt werden, die auf dem Schlachtfeld ebenso angemessen aufzutreten vermögen wie bei Hofe, die das Kriegshandwerk so gut beherrschen wie die Jagd und im Spielen von Instrumenten ebenso gewandt sind wie in ihren aristokratischen Umgangsformen.

Die Ausbildung ist überall in Europa ähnlich, doch manche Höfe werden für ihre besonders exzellente Lehre gerühmt, etwa der Welfs V., des Markgrafen der Toskana.

Die Knappen müssen meist kein Geld bezahlen – die Ausbilder ziehen ihren Vorteil daraus, dass sich eine enge Verbindung zur Familie des Jünglings ergibt. Denn die Ritterausbildung ist ein wichtiger Teil der Adelsbeziehungen, die große Teile Europas überziehen.

William erhält Kleider und Waffen gestellt, für Essen und Unterbringung auf dem Anwesen des Dienstherrn ist ebenfalls gesorgt.

°

MIT DEM ENGLÄNDER durchläuft ein gutes Dutzend anderer Knappen die Ritterschule des William von Tancarville. Sie werden zu seiner neuen Familie – auch wenn er selbst anfangs wie am falschen Platze wirkt.

Er schläft morgens zu lang (wie ein Biograf vermerkt, der im Auftrag von William Marshals Sohn um 1225 eine Chronik über den Ritter verfassen wird). Die Tanz- und Musikstunden absolviert er sichtbar unmotiviert. Ein wenig mehr Eifer zeigt der Junge beim Polieren und Pflegen der Waffen.

Doch er brennt aufs Reiten und Kämpfen: Tausende Stunden wird William bis zum Ende seiner Ausbildung auf dem Rücken eines Pferdes verbringen. Die Knappen trainieren den Faustkampf, angeleitet von Meistern aus dem Gefolge des Dienstherrn, sowie den Umgang mit Waffen. Die wichtigste ist das Schwert. Zu Williams Zeiten ist es 90 Zentimeter lang und so fein aus Eisen geschmiedet, dass es nur gut ein Kilogramm wiegt. Ein geübter Ritter kann mit einem Schlag ein Bein durchtrennen.

Immer wieder üben die Knappen die gleichen Hiebfolgen, bis die in ihr motorisches Gedächtnis übergegangen sind, sie mit der Waffe zu Pferd und am Boden ebenso wendig wie schlagkräftig sind.

Auch den Kampf mit Lanze, Keule, Axt und Kriegshammer trainieren die Jungen. Treffsicherheit und Reaktionsschnelle übt man an einer Puppe, die sich nach jedem Stoß um die eigene Achse dreht und den Angreifer trifft, wenn der nicht schnell genug ausweicht.

EIN GUTES Ross IST KOSTBAR

Als Williams Körper stark genug ist, bringen ihm ältere Ritter bei, wie eine Rüstung anzulegen ist: zuerst das gefütterte Wams aus Leinen oder Wolle, darüber das Kettenhemd, danach einen Waffenrock und schließlich den eisernen Helm mit Nasenschutz (Plattenpanzer gibt es vermehrt erst im 14. Jahrhundert).

Er lernt, mit dem 15 Kilogramm schweren Kettenhemd ein Pferd zu besteigen und im Galopp die drei Meter lange Lanze, unter dem rechten Arm eingeklemmt, auf ein Ziel auszurichten, während er in der linken Zügel und Schild hält.

Nur wenige Pferde sind dazu geeignet, ein gutes Schlachtross kostet daher bis zu 100 Pfund – dafür bekommt man 4500 Schafe. Die Pferde sind auf Ausdauer, Stärke und Beweglichkeit gezüchtet und werden darauf trainiert, selbst unter Lärm, Stößen und Tritten nicht in Panik zu geraten.

Eine wichtige Aufgabe der Knappen ist es, die Schlachtrösser der älteren Ritter zu pflegen. Auch sorgen sie dafür, dass deren Harnische und Waffen immer in bestem Zustand sind. Als Helfer begleiten sie die Kämpfer auf Reisen, bei Turnieren und auf Feldzügen. Nur selten greifen sie in das Getümmel ein, bewachen meist abseits des Geschehens Pferde und Tross.

Höhepunkte der Ausbildungszeit sind die gemeinsamen Jagden mit den anderen Lehrlingen und dem ausbildenden Ritter.

PROFIKÄMPFER: Vielen Turnierstreitern geht es vor allem um Lösegelder für besiegte Gegner. William Marshal erwirbt sich so beträchtliche Summen

EISENPLATTEN zum Schutz von Armen, Beinen und Füßen kommen um das Jahr 1330 auf

WATTIERTE Beinschützer aus Stoff lassen dem Fußkämpfer etwas Bewegungsfreiheit

Mit Hunden zieht die berittene Mannschaft dann in die Wälder, um Hirsche, Wildschweine, Wölfe mit Pfeil und Bogen oder Armbrüsten zu erlegen. Zudem erjagen abgerichtete Falken oder Habichte Kleinwild wie Kaninchen und Fasane.

Abends trifft sich die Gruppe in der Halle der Burg von Tancarville zu einer ausgiebigen Mahlzeit. Auch hier gibt es Regeln: William lernt, nicht mit vollem Mund zu sprechen, sich bei jeder Bemerkung stets dem Ranghöheren zuzuwenden – und während des Essens nicht in der Nase zu bohren.

Zudem soll sich ein Ritter bei Tisch weder die Nägel putzen noch in seiner Hose nach Flöhen suchen und möglichst das Urinieren innerhalb des Gebäudes unterlassen (all das ist im Volk üblich).

Regelmäßig wird in der großen Halle Fleisch serviert, ein Privileg der höheren Stände. Zu trinken gibt es meist niedrigprozentiges Bier, manchmal auch Wein, fast immer aber alkoholische Getränke, denn die sind durch den Gärprozess hygienischer als pures Wasser.

Auch bei diesen Mahlzeiten fällt William nicht gerade positiv auf. Er trinkt und isst oft derart viel, dass man ihn bald den „Gierschlund" nennt, wie sein Biograf später vermerkt.

Mit 20 Jahren aber kann der angehende Ritter so hart zuschlagen wie ein „Schmied auf Eisen" und zugleich heftige Gegenhiebe ertragen. Er vermag ohne fremde Hilfe in voller Rüstung auf ein Pferd zu steigen, im Galopp auf ein Ziel zuzureiten, komplizierte Wendemanöver mit dem Tier auszuführen. Er kann schwimmen, jagen, mit dem Bogen schießen, Schach spielen und weiß, sich in der Gegenwart von Edelleuten zu benehmen.

Vor allem hat er ein Gefühl dafür bekommen, was den Ehrenkodex eines Ritters ausmacht: Er muss tapfer und mutig sein, seinem Dienstherrn gehorchen und die Schwachen beschützen. Als Edelmann darf er keinen anderen Ritter mutwillig töten, sondern ihn nur gefangen nehmen. Auf sein Ehrenwort muss Verlass sein.

Nun ist er reif für den wichtigsten Tag in seinem Leben: die Schwertleite, seine feierliche Erhebung zum Ritter.

Dieser Brauch ist auf alte germanische Mannbarkeitsriten zurückzuführen, die sich später mit christlichen Segnungsideen verbunden haben. Bereits im 11. Jahrhundert werden junge Männer erstmals rituell in den Kreis der Ritter aufgenommen, anfangs in Frankreich (siehe Seite 24), bald auch in England und in deutschen Landen, mit der Zeit entwickelt sich eine Anzahl zeremonieller Elemente.

Die Nacht zuvor verbringt der Anwärter häufig betend in seiner Kammer. Den Morgen beginnt er mit einem feierlichen Bad, damit er sich geistig und körperlich reinigt.

Fällt die Schwertleite besonders festlich aus, legen Bedienstete dem Knappen anschließend ein weißes, golddurchwirktes Gewand an, darüber einen purpurfarbenen Umhang, dazu seidene Schuhe.

Derart gewandet, tritt er vor die geladenen Gäste, unter denen sich hohe Adelige befinden können, und bekommt von einem erfahrenen Ritter feierlich Rüstung, goldene Sporen, Schwert überreicht sowie ein Pferd geschenkt.

Jedes Detail hat Bedeutung: Das Weiß steht für die Reinheit des jungen Mannes, das Purpurrot für seine Bereitschaft, notfalls zum Schutz der Kirche das Blut seiner Kontrahenten zu vergießen.

Die goldenen Sporen symbolisieren die Schnelligkeit, mit der jeder Ritter die Gebote Gottes zu verteidigen hat, während die beiden Schneiden des Schwertes ihn zur Treue und Gerechtigkeit mahnen sollen.

Doch nicht immer sind die Zeremonien derartig aufwendig – und Williams Schwertleite fällt sogar eher bescheiden aus: Im Jahr 1166 gürtet ihn sein Gönner, William von Tancarville, mit einem Schwert und übergibt ihm einen Umhang. Mehr nicht.

Schnell muss es gehen, denn schon bald soll der neue Ritter zu einem Gefecht ausreiten, es geht um Grenzstreitigkeiten mit einem Nachbarfürsten. Vielleicht erhält William auch einen leichten Schlag mit dem Schwert auf den Kopf oder auf die Schulter, doch wird sich dieser klassische Ritterschlag erst ein Jahrhundert später durchsetzen.

William Marshal ist nun ein professioneller Krieger. Tapfer schlägt er sich in den Kämpfen unmittelbar im Anschluss an seine Schwertleite.

Doch schon bald darauf ist er: arbeitslos. Denn nachdem der Herr von Tancarville alle Meinungsverschiedenheiten mit seinem normannischen Nachbarn beigelegt hat, beschließt er, sein Rittergefolge (offenbar aus finanziellen Gründen) deutlich zu verkleinern. Auch William Marshal muss gehen.

Seinen Umhang, den er gerade erst erhalten hat, muss der junge Ritter versetzen, um sich von dem Geld zumindest ein günstiges Reisepferd kaufen zu können.

Zusammen mit einem Diener verlässt er die Burg von Tancarville und begibt sich auf Arbeitssuche, wie so viele andere junge Kämpfer: Wenn nicht gerade Krieg herrscht, bemühen sich Hunderte ambitionierter Nachwuchsritter um eine einträgliche Aufgabe, einen Platz im Gefolge eines adeligen Herrn, für den sie etwa von Festungen aus dessen Untertanen überwachen oder Abgaben eintreiben.

°

DOCH ES GIBT für junge Ritter noch eine weitere Möglichkeit, in Friedenszeiten nicht nur Geld zu verdienen, sondern auch Ruhm zu erlangen: das Turnier.

Solche Wettbewerbe werden wohl bereits seit dem 11. Jahrhundert organisiert, aber erst ab etwa 1150 wird das Turnier – abgeleitet vom lateinischen Wort für „wenden", *tornare* – zum zentralen Bestandteil des ritterlichen Lebens, zunächst vor allem in den Weiten von Nordfrankreich und Flandern.

Zu William Marshals Zeiten gibt es in dieser Region mehr als ein Dutzend Turnierorte – Areale von jeweils bis zu 50 Quadratkilometer Größe, die meist von Wäldern und Flüssen begrenzt werden.

Für die Grafen und Herzöge, die die Wettbewerbe auf ihren Ländereien veranstalten, sind die Zusammenkünfte eine Gelegenheit, um nach guten Kämpfern Ausschau zu halten und nebenbei Politik zu betreiben, Allianzen zu schmieden oder Vermählungen zu

DAS BANNER, das dieser Standartenträger mit sich führt, soll im Kampfgetümmel jederzeit die Position seines adeligen Herrn anzeigen

arrangieren. Vor allem aber sollen die Turniere die Großzügigkeit und das Ansehen des Veranstalters demonstrieren.

Der Prestigegewinn wiegt die Kosten auf für die Verpflegung der Ritter, die ausgelobten Preise – und die aufwendige Werbung.

Denn meist ziehen Ausrufer zwei bis sechs Wochen zuvor durchs Land, um die Veranstaltungen anzukündigen. An besonders wichtige Fürsten erfolgen die Einladungen auch schriftlich. Mundpropaganda tut überdies ihren Teil.

Fast das gesamte Jahr über kommt es irgendwo zu einem Turnier, zeitweilig alle 14 Tage. Für die Ritter sind die Veranstaltungen eine Möglichkeit, unter realen Bedingungen ihre Fähigkeiten zu schärfen – denn echte Ritterschlachten sind selten. Nur während der Fastenzeit vor Ostern gibt es keine Treffen.

LANZENDUELLE werden ab 1250 zum beliebtesten Turnierwettbewerb. Denn beim Zweikampf kann der einzelne Ritter dem Publikum das eigene Können viel wirkungsvoller präsentieren

Die Turniere sind zur Zeit William Marshals stets Massenkämpfe, dabei aber zugleich Mannschafts- und Einzeldisziplin. Denn zum einen können die Teams als Gruppe brillieren, zum anderen vermag jeder einzelne Teilnehmer die Wertung als bester Kämpfer zu gewinnen und dafür einen symbolischen Preis entgegenzunehmen, etwa eine Falkenfigur.

Die Wettbewerbe sind ein Messen mit scharfen Waffen. Anders als in einer echten Schlacht aber ist meist der Einsatz von Fußsoldaten, vor allem von Bogenschützen, untersagt. Zudem geht es nicht darum, den Gegner zu töten, auch schützen die Rüstungen vor Hieb- und Stichwunden. Dennoch kommt es immer wieder zu gefährlichen Verletzungen, stürzen Kämpfer vom Pferd oder brechen zuweilen überhitzt zusammen. Es gibt sogar Todesfälle.

Auch deshalb äußern die Vertreter der Kirche mitunter heftige Kritik an den Ritterturnieren, fordern Verbote. Anstatt sich gegenseitig zu drangsalieren, so die Geistlichen, sollten Ritter besser

ihrem religiösen Auftrag nachkommen und Heiden bekämpfen.

Manche Kleriker verweigern getöteten Turnierkämpfern sogar ein christliches Begräbnis.

Wegen der kirchlichen Kritik an den rauen Turniersitten (und weil große Fürsten die Wettkämpfe fortan häufig nutzen, um sich und ihre Höfe effektvoll zu inszenieren) wird sich das Turnierwesen im Verlauf des 13. Jahrhunderts nach und nach wandeln: Anstelle von Massenkämpfen, wie William Marshal sie noch erlebt, wird die „Tjost" zum Kern der Wettbewerbe, das Lanzen-Duell zweier aufeinander zureitender Ritter, die versuchen, sich gegenseitig aus dem Sattel zu heben.

Stumpfe Waffen werden ab etwa 1250 immer häufiger die scharfen ersetzen. Schwere Plattenpanzer, vor Beginn des Duells aufs Genaueste überprüft, schützen bald jeden der Kämpfer vor Verletzungen.

Die Regeln und Rituale nehmen zu. Kampfrichter vergeben nun sogar Haltungsnoten, je nach Schwere und Art des Aufpralls. Turniere werden mit theaterähnlichen Aufführungen verbunden, bei denen Ritter in die Rolle von Sagengestalten schlüpfen.

All das aber ist zu William Marshals Lebzeiten noch undenkbar. Der junge Ritter bestreitet sein erstes Massenturnier 1166 in Sainte-Jamme nahe der Stadt Le Mans. Ein Schlachtross muss er sich zuvor leihen.

Doch gelingt es ihm, während des Getümmels mehrere Gefangene zu machen. Denen bleibt nichts übrig, als sich zu ergeben und ein Lösegeld zu versprechen. Wie es sich gehört, nimmt William ihr Ehrenwort an und lässt sie für den Rest des Turniers weiterkämpfen.

Andere Kulturen

VON ASWARAN UND SAMURAI

Seit der Antike haben Panzerreiter eine besondere militärische Bedeutung

Berittene Krieger, die einem besonderen Kodex folgten, gab es auch in anderen Kulturen. Alexander der Große etwa verfügte bereits um 330 v. Chr. über einen Verband aus Adeligen und Freunden, der bei Schlachten den Gegnern schwer zusetzte.

Auch die iranischen Herrscher des Sassaniden-Reiches (224–651 n. Chr.) geboten über eine Kriegerkaste: Die adeligen *Aswaran* („Reiter") kämpften mit Lanzen, Schwertern, Streitkolben und trugen Panzer.

Im Heer der osmanischen Sultane dienten die *Sipahi* ab etwa 1400 als schwere Kavallerie. Ebenso wie die christlichen Ritter genossen sie höchstes Ansehen – und waren Lehnsmänner des Sultans.

Die *Samurai*, Japans Kriegerelite, waren ebenfalls einem Lehnsherrn verpflichtet und folgten einem dem der Ritter vergleichbaren Ehrenkodex. Von ungefähr 1200 bis 1600 dominierten die Schwertkämpfer die Schlachtfelder.

Und doch: In seiner Kombination aus Vasallentum, Tugendkanon, religiöser Prägung und Kampfweise war das europäische Rittertum einzigartig.

Als das Turnier endet, gehören dem am Morgen noch mittellosen Ritter vier Schlachtrösser sowie einige gewöhnliche Reitpferde und mehrere Zelte und Packtiere – ein kleines Vermögen.

William zieht nun von Turnier zu Turnier, wird immer besser und zunehmend bekannter.

Nicht jedes Mal geht er als Sieger hervor: Einmal wird er selbst gefangen genommen und muss Lösegeld bezahlen. Ein anderes Mal wird ihm im Kampfgetümmel der Helm derart durch Hiebe verformt, dass er fast erstickt.

Doch trotz dieser Rückschläge gilt er bereits um 1167 als einer der fähigsten Turnierkämpfer seiner Generation. Es wird Zeit für den nächsten Schritt.

ZU BEGINN DES JAHRES 1168 begleitet William seinen Onkel, den Earl von Salisbury, auf einen Feldzug nach Südfrankreich. Die beiden Edelleute wollen dem englischen König Heinrich II. gegen aufständische Adelige helfen.

Denn der Monarch herrscht nicht nur auf der Insel, sondern auch über Gebiete auf dem Kontinent: die Normandie, die Provinz Anjou bei Paris, die Bretagne sowie, durch seine Heirat mit Eleonore von Aquitanien, auch deren Herzogtum, das ganz Südwestfrankreich umfasst. Damit gebietet er über ein Reich, das sich von den Pyrenäen bis Schottland erstreckt, eines der mächtigsten Feudalgebilde Europas. Doch gerade in Aquitanien kommt es oft zu Aufständen rebellischer Aristokraten.

William fällt gemeinsam mit seinem Onkel die Aufgabe zu,

Königin Eleonore auf einer Reise durch das Rebellengebiet zu beschützen.

Aber die Gruppe gerät in einen Hinterhalt der Aufrührer. Die Königin kann sich in Sicherheit bringen, doch der Onkel (dem die Zeit fehlte, seine Rüstung anzulegen) stirbt, als ihn ein Gegner mit der Lanze durchbohrt.

Eine Untat! Niemand tötet einen Ritter vom Rang eines Earls – schon gar nicht, wenn er ohne Panzer dasteht. Wie „ein hungriger Löwe", so Williams Biograf, stürzt sich der junge Ritter auf die Mörder seines Onkels. Mehrere Männer kann er niederstrecken, ehe er am Oberschenkel verwundet und gefangen genommen wird.

Königin Eleonore kauft den mutigen Kämpfer zum Dank mit einem Lösegeld frei – und beruft ihn in ihr Gefolge. Als Heinrich II. im Juni 1170 seinen 15-jährigen Sohn Heinrich zum Mitkönig krönen lässt, ist wohl auch William anwesend. Denn kurz darauf wird er zum Kampf- und Waffenlehrer des jungen Monarchen bestimmt.

Doch von der Macht hält König Heinrich seinen Sohn noch fern. So verlegt sich der Thronfolger auf den Turniersport, um zumindest dort Ruhm und Ehre zu sammeln. Um 1175 beginnt er systematisch, eine Mannschaft aus Wettkämpfern um sich zu scharen.

Das ist nicht unüblich: Zu dieser Zeit kaufen sich viele reiche Fürsten ihre Teams aus den besten Turnierrittern zusammen und zahlen ihnen üppige Gehälter. Und dank einer königlichen Apanage seines Vaters ist der junge Heinrich der finanzkräftigste Turnierteam-Besitzer in ganz Europa.

HARNISCH. Dieser deutsche Ritter des 15. Jahrhunderts ist von Kopf bis Fuß durch Eisen geschützt

AUFFÄLLIGE Rüstungsteile wie dieser rote Helm sind Erkennungszeichen im Massenkampf

Wer für ihn antritt, erhält üppige 20 Schilling täglich, auch an wettkampffreien Tagen. Bald kostet Heinrichs internationale, mehr als 200 Ritter zählende Truppe rund 200 Pfund Sterling pro Tag – das entspricht dem jährlichen Steueraufkommen der Grafschaft Worcester.

Kopf des Teams wird William Marshal. Seine Kämpfer zählen zwar zu den besten ihres Metiers, besitzen die eindrucksvollsten Rüstungen und Waffen, aber sie agieren zunächst eher wie undisziplinierte Einzelkämpfer, nicht wie ein Team.

Statt strategisch im richtigen Moment und gemeinsam zuzuschlagen, preschen sie auf eigene Faust nach vorn und werden so leicht zum Opfer ihrer Gegner.

Auch William kann sich oft nicht beherrschen – zu sehr liebt er den Nahkampf, um taktisch abwartend vorzugehen. Die Engländer verlieren Turnier um Turnier. Die gut trainierten französischen Ritter machen sich einen Spaß daraus, Marshals Männer zu demütigen, sie gefangen zu nehmen und von Heinrich Lösegeld zu erpressen. Zuweilen teilen sie schon vor einem Turnier die erwartete Beute untereinander auf.

18 Monate vergehen so. Doch langsam wachsen die englischen Einzelkämpfer zu einer schlagkräftigen Mannschaft zusammen. Sie lernen, nicht zu früh aus dem Glied auszubrechen, die Formation länger zu halten und erst später ins Kampfgeschehen einzugreifen, wenn die anderen Teams bereits erschöpft sind.

Spätestens Ende des Jahres 1177 gehört die Equipe des Thronfolgers zu Europas erfolgreichsten Turniermannschaften. Und William Marshal ist mittlerweile auch Bannerherr – er besitzt nun ein eigenes Wappen: ein Löwe auf grün-goldenem Grund.

Selbst König Heinrich II., eigentlich kein großer Freund des Turnierwesens, wird auf die Erfolge seines Sohnes aufmerksam. Und so sendet er ihn mit prachtvollem Gefolge und üppigen Geschenken zur Salbung des französischen Königs nach Reims. Und zum anschließenden Großwettkampf.

Lagny, November 1179, kurz nach Turnierbeginn. Englands Thronfolger ist trotz seiner illustren Mannschaft in höchster Gefahr: Mehrere Kämpfer aus dem feindlichen Lager haben einen Kreis um ihn gebildet und versuchen, ihn zu überwältigen.

Doch jetzt stürzt sich William Marshal (der das Geschehen aufmerksam verfolgt hat) gemeinsam mit einem zweiten Ritter auf die Männer, die Heinrich angreifen; er attackiert sie mit kräftigen Hieben, während sein Partner versucht, den Thronfolger aus dem Getümmel herauszuziehen.

Und tatsächlich, die Gegner lassen schließlich ab, Heinrich kann sich in Sicherheit bringen.

Diese Tat macht William noch berühmter. Und die Kunde von seiner glorreicher Rettungsaktion übersteht die Zeitläufte besser als andere Nachrichten: Wer das Turnier von Lagny gewonnen hat, weiß heute niemand.

Noch drei weitere Jahre feiert das englische Team Erfolge, eilt von Sieg zu Sieg. Doch im Juni 1183 erkrankt Heinrich plötzlich an einem Fieber und stirbt mit kaum 28 Jahren, wahrscheinlich an der Ruhr. William Marshal ist in seiner letzten Stunde bei ihm.

Mit dem Tod des Thronfolgers endet auch Marshals Turnierkarriere. Das Team wird aufgelöst, und William zieht (ein letzter Wunsch des sterbenden Heinrich) ins Heilige Land und unterstützt zwei Jahre lang die dort entstandenen Kreuzfahrerstaaten.

Zurück in Europa, tritt er um 1185 in die Dienste Heinrichs II., des immer noch amtierenden englischen Königs. William ist jetzt Anfang 40, und er spürt nun wohl die vielen Jahre des Kampfes. Zudem ist er wieder fast mittellos.

Denn genau zu wirtschaften, Geld zu sparen, Rücklagen zu schaffen: All das sind in den Augen eines Ritters krämerische, verachtenswerte Tugenden.

William hat seine bei den Turnieren erkämpften Reichtümer immer an Günstlinge weitergegeben, sie der Kirche gespendet oder für besonders wertvolle Waffen, Pferde und Gelage ausgegeben.

Doch die Geschenke sind eine soziale Investition, sie schaffen ein Netz von potenziellen Unterstützern. Marshals Ruf ist exzellent, und er verfügt über viele loyale Gönner, darunter Heinrich II.

Der belohnt William jetzt mit einem Lehen. Und es kommt noch besser: 1189 vermittelt der König seinem verdienten Ritter die Hochzeit mit einer Frau aus höchstem Hause, die durch ihr Erbe Williams Besitz auf 65 Lehen vergrößert; die meisten davon liegen in Wales sowie im 18 Jahre zuvor eroberten Irland.

Als Heinrich II. im gleichen Jahr stirbt, tritt William in die Dienste von dessen zweitem Sohn Richard (den man später wegen seiner militärischen Erfolge „Löwenherz" nennen wird). Nach Richards zehnjähriger Amtszeit steht er dessen Bruder Johann zur Seite – und nach dessen Tod wird er zum offiziellen Vormund des minderjährigen Thronfolgers Heinrich III.

Noch mit 70 Jahren führt William Marshal 1217 in einer Schlacht gegen die Franzosen persönlich eine Attacke an – und gewinnt.

°

ZWEI JAHRE SPÄTER, im Frühling 1219, neigt sich das Leben des berühmten Ritters dem Ende zu. Tagelang ruht er auf einer Bettstatt im Herrenhaus von Caversham, seinem Wohnsitz an der Themse westlich von London, und spürt den Tod kommen.

Viele Mitstreiter und Edelleute reisen an, um ihm die letzte Ehre zu erweisen, darunter der päpstliche Legat und alle großen englischen Barone. Es sind so viele Männer, dass sie längst nicht alle im Herrenhaus Platz finden. Sie lagern auf der anderen Flussseite – und der Anblick der Zelte mag den alten Ritter an seine besten Tage erinnern, an die Turniere mit dem jungen Heinrich.

Anfang April 1219 setzen die Angereisten gemeinsam über die Themse. Der zwölfjährige König Heinrich III. geleitet die Würdenträger und Ritter in die Kammer des Sterbenden.

Auf seinem Lager spricht William zu Heinrich, ermahnt ihn wie ein Vater – und bittet ihn um Entschuldigung dafür, dass er sich nicht länger um ihn wird kümmern können.

LITERATURTIPPS

THOMAS ASBRIDGE
»Der größte aller Ritter und die Welt des Mittelalters«
Hochspannende Biografie William Marshals (Klett-Cotta).

DAVID CROUCH
»Tournament«
Konzentriert sich auf die Turniere zu Marshals Zeiten (Hambledon and London).

IN KÜRZE

Der Engländer William Marshal steigt im 12. Jahrhundert zur gefeierten Idealfigur eines Ritters auf. Er siegt in zahllosen Turnieren, erweist sich als ebenso draufgängerischer wie loyaler Kämpfer. Seine Triumphe bei diesen Wettkämpfen, den Höhepunkten der ritterlichen Kultur im Mittelalter, machen Marshal reich und berühmt. Und so wird der Abkömmling eines niederen Adeligen, der im Laufe seines Lebens fünf Königen dient, schließlich sogar in den Grafenstand erhoben.

Nachdem die Anwesenden das Amen gesprochen haben, entlässt er sie. Es ist Abend, und er spürt die Müdigkeit. Tag und Nacht halten seine engsten Gefährten nun abwechselnd Wache am Bett.

In den kommenden Tagen verteilt William sein Erbe. Um den Übertritt ins Jenseits so befreit wie möglich zu vollziehen, halten Geistliche den Sterbenden dazu an, all seinen Besitz von sich zu geben.

Vor allem aber beschwören ihn die Priester, zu beichten, zu bereuen, sich all die Namen ins Gedächtnis zu rufen, denen er in seinem Leben unrecht getan hat.

Da erhebt der alte Ritter noch einmal seine Stimme und erklärt: „Mehr als 500 Ritter habe ich in meinem Leben besiegt, ihre Harnische, Waffen und Pferde genommen!" Wie solle sich ein Mensch da an jeden Einzelnen erinnern und Buße tun?

Am 14. Mai 1219 stirbt William Marshal, der Mann, der fünf Königen gedient hat, Sieger vieler Turniere.

Wenige Tage später erreicht die Kunde den französischen Hof, an dem noch immer Philipp II. residiert – jener Monarch, auf dessen Krönung 1179 das große Turnier von Lagny gefolgt war.

Der König hat gerade im Kreis einiger Adeliger das Abendessen beendet. Nun gedenken die Männer reihum des Verstorbenen und erklären, William Marshal sei einer der heldenmutigsten, treuesten, weisesten Männer gewesen, die sie je gekannt hätten. Kurz: der beste aller Ritter. ◊

DER KREUZ-FAHRER

Als der Papst zum Krieg im Heiligen Land aufruft, verkauft ein tiefgläubiger Aristokrat einen großen Teil seines Besitzes: Herzog Gottfried von Bouillon erobert mit den Kreuzfahrern Jerusalem – und wird von den Zeitgenossen zur Idealfigur des Ritters verklärt

TEXT: *Johannes Teschner*

Dieser Mann ist der scheinbar ideale Ritter: tapfer und fromm, hochgewachsen und schön, mit flachsblondem Haar und Bart. Keiner würde sich besser als Symbolfigur für den gottgewollten Kampf der Christen gegen die Ungläubigen eignen als Gottfried von Bouillon.

Und genau so einen Mann braucht der Heilige Vater. Denn als Papst Urban II. die Gläubigen 1095 zur Befreiung Jerusalems von den Muslimen aufruft, nimmt er ein großes Risiko auf sich: Geht sein Appell unter, ist seine Autorität dahin; wird der Krieg aber ausgefochten, steigt sein Ansehen enorm – auch unter Europas Mächtigen.

Die (oft militärisch schwachen) Monarchen leiden unter den endlosen Fehden der Ritter, die in ihrer Streitlust mitunter ganze Regionen verheeren. Daher sehen viele Herrscher in dem Kreuzzug eine Chance, die unkontrollierbaren Krieger loszuwerden.

Urban II. muss also auf Ritter hoffen, die seinem Aufruf folgen und so andere adelige Kämpfer mit sich ziehen. Auf Ritter wie Gottfried von Bouillon.

Der tiefgläubige Herzog von Niederlothringen ist wohl ehrlich entflammt vom Appell des Papstes. Er verkauft oder verpfändet die meisten seiner Burgen und Ländereien und zieht im August 1096 gen Osten. Tausende Männer schließen sich ihm an, darunter viele Ritter; manche mag Gottfrieds Hingabe inspiriert haben, andere hoffen vermutlich eher auf reiche Beute.

In Konstantinopel schließt sich Gottfrieds Tross mit denen weiterer Kreuzfahrer zusammen. Als die Armeen im Mai 1097 über den Bosporus auf muslimisches Gebiet setzen, zählen sie 50 000 Fußsoldaten und 7000 Ritter.

Der Kampfkraft dieser Reiterkrieger vor allem ist es zu verdanken, dass die Christen mehrere Schlachten gegen feindliche Heere gewinnen. Denn die mit Schwert und Lanze bewaffneten und gepanzerten Reiter sind den nur leicht geschützten muslimischen Soldaten weit überlegen.

Im Juni des Jahres 1099 erreicht das Kreuzfahrerheer (aufgehalten unter anderem durch die Belagerung der Stadt Antiochia) endlich Jerusalem. Die Verteidiger haben alle Brunnen und Zisternen im Umkreis von zehn Kilometern zugeschüttet oder vergiftet. Entweder gelingt es den Europäern, die Stadt schnell einzunehmen – oder sie werden verdursten.

Gottfried führt einen Großangriff auf die Nordmauer. Die Muslime wehren sich mit Pfeilen und Steinen, einem Ritter direkt neben ihm zerschmettert ein Brocken das Genick. Doch dann lodern Flammen auf der Nordmauer, ausgelöst durch Brandpfeile der lothringischen Bogenschützen. Die Muslime weichen zurück. Über die herabgelassene Außenwand eines Belagerungsturms, die nun als Brücke dient, stürmen die Kreuzfahrer die Stadt, plündern sie und töten Tausende. Manche schlitzen ihren Opfern auf der Suche nach verschluckten Münzen die Bäuche auf. Besonders in den Gotteshäusern machen die Angreifer Beute, reißen allein im reich geschmückten Felsendom tonnenweise Gold, Silber und Diamanten an sich.

Dem Rausch der Eroberung folgt Ratlosigkeit: Urban II. hat nie gesagt, wie es nach der Eroberung Jerusalems weitergehen soll. Nach langen Beratungen versuchen die Anführer des Kreuzfahrerheeres, Gottfried zum König von Jerusalem zu erheben.

Der sagt zu, weigert sich aber, die Würde eines Königs anzunehmen, sondern begnügt sich mit dem ungleich demütigeren Titel „Fürst und Verteidiger“ Jerusalems. Am 22. Juli 1099 wird ihm dieser neue Rang offiziell verliehen.

Mit ihm bleiben viele andere Ritter im Nahen Osten, einige als Herrscher von eigens gegründeten Fürstentümern: den neuen Außenposten der Christenheit.

Gottfried gebietet nur ein Jahr im Heiligen Land, dann stirbt er, wohl an Typhus. Doch seine Eroberung Jerusalems lebt weiter in Liedern und Chroniken, zugespitzt und überhöht vor allem auf Betreiben der Kirche.

Denn sein Triumph ist auch ihr Triumph. Das Volk ist nach dem Sieg gegen die Muslime im christlichen Glauben bestärkt. Und die Mächtigen sind dem Pontifex dankbar, dass Hunderte der unruhestiftenden Ritter auf lange Zeit aus Europa verschwunden sind. ◊

NACH DER ERSTÜRMUNG Jerusalems im Jahr 1099 erwählen die Kreuzfahrer Gottfried von Bouillon zum Herrscher der eroberten Stadt. Und Europas Chronisten stellen ihn fortan auf eine Stufe mit König Artus und Karl dem Großen

KASTELL DER RITTERMÖNCHE
Im 13. Jahrhundert unterwirft der Deutsche Orden die heidnischen Prußen und erobert große Territorien an der Ostsee. Um das Land zu beherrschen, errichten die Ordensbrüder Dutzende Burgen (Rehden im heutigen Polen)

Im REICH der ORDENSKRIEGER

TEXT: *Dominik Bardow*

Jedes Jahr reisen einige von Europas angesehensten Kämpfern mit ihrem Gefolge in das Gebiet des Deutschen Ordens an der Ostsee. Von dort ziehen die christlichen Ritter gegen die heidnischen Litauer, brandschatzen deren Dörfer, töten Männer, Frauen und Kinder. Im Jahr 1368 macht sich Graf Johann von Blois aus Holland auf zur Jagd auf die Ungläubigen

ZWINGBURG
Der Staat der Deutschritter, einer der modernsten in Europa, wird straff regiert. Die Festungen wie hier in Schönberg sind Verwaltungszentren, Klöster der Ordensbrüder und Militärbasen für die Heidenmission

Am 20. November 1368 geht Johann von Blois auf Reisen. Er nimmt mit: einen Bäcker, einen Mundschenk, mehrere Köche, einen Stallmeister, fünf Pagen und einen Arzt; dazu seinen Schatzmeister, einen Priester für regelmäßige Gottesdienste sowie drei Pfeifer, die unterwegs für Musik und Zerstreuung sorgen werden.

Gewaltiges Gepäck ist auf zwei Wagen verstaut, die von Johanns holländischem Adelssitz aus über die Landstraßen rumpeln, darunter ein transportables Bett mit wärmender Schafsfelldecke, ein großes Zelt mit Ankleideseparee und ein faltbarer Altar, vom Papst abgesegnet.

An nichts soll es der Reisegesellschaft fehlen. Geplant sind sogar Bankette entlang des Wegs. Die Lastgespanne sind schwer beladen mit Bier, Wein und Met. Und mit Waffen.

Johann ist zu Pferde unterwegs, wie es einem adeligen Ritter geziemt. Ihn begleiten mehrere Dutzend weiterer Panzerreiter. Vor ihnen liegen mehr als 1000 Kilometer. Es geht ins Baltikum.

Und sie sind nicht die einzigen Ritter, die in diesem Herbst Richtung Ostsee aufbrechen. Aus Holland, Frankreich und England, dem Rheinland, Schottland und Polen streben jedes Jahr zu dieser Zeit Kämpfer in die Gegend zwischen Weichsel und Memel: in das Territorium des Deutschen Ordens. Denn die dort herrschenden Deutschritter laden ihre europäischen Standesgenossen seit 1304 regelmäßig zu Kriegszügen gegen ihre heidnischen Nachbarn ein, die Litauer.

Diese sogenannten Preußenfahrten sind für die Ritter gesellschaftliche Großereignisse: Sie treffen sich in Königsberg zu Banketten, Festen und Gelagen. Feiern ihre Verbundenheit, stählen sich im Kampf mit den Ungläubigen. Viele Knappen erwerben den Ritterschlag.

Der 25-jährige Johann von Blois entstammt einer französisch-niederländischen Adelsfamilie und gebietet über die von der Mutter geerbten Besitzungen in Holland und Seeland. Dies ist seine zweite Preußenfahrt.

Nach der Abreise aus Gouda Ende November reitet er über Aachen, Köln und Lübeck nach Königsberg, eine beliebte Route unter Preußenfahrern. Gut 60 Tage benötigt er für die knapp 1500 Kilometer; immer wieder halten Schnee, Eis und Unwetter den Tross auf.

Die Preußenfahrer lockt die Aussicht auf Ruhm und Ehre. Zudem hat der Papst ihnen den Ablass ihrer Sündenstrafen versprochen, wenn sie gegen die Heiden in den Kampf ziehen. Nichts ist ehrenhafter als der Waffengang gegen ungläubige Krieger. Herolde sind auf diesen Reisen stets dabei und preisen – bei Festen, in Reden und Gedichten – die Heldentaten ihres Brotgebers. Johann von Blois hat gleich zwei mitgenommen.

Am 27. Dezember erreicht Johanns Reisegruppe, die mit unterwegs angeheuerten Kriegern aus dem niederen Adel auf mehr als 100 Reiter angewachsen ist, sicher Danzig, ihre erste Anlaufstation im Land des Deutschen Ordens. Pferde und Menschen müssen erst einmal ruhen, Untergebene kaufen Proviant ein. Johann füllt seine Reisekasse und leiht sich gegen Schuldbriefe Geld. Wie andere Preußenfahrer auch finanziert er den Großteil seiner Ausgaben auf Kredit: bei Kaufleuten oder Städten, bei reichen Fürsten oder direkt beim Deutschen Orden. Später wird er in der Heimat das geliehene Geld samt Vermittlungsgebühren an Vertreter der Gläubiger zurückzahlen.

Lange halten sich die Preußenfahrer nicht auf in Danzig. Das Gesinde zieht von hier aus meist direkt zum Sammelpunkt Königsberg; viele Herren reiten dagegen zunächst mit wenigen Getreuen gen Süden: zur Marienburg.

Die Festung, fast vollständig gefügt aus rot schimmernden Backsteinen, ist eine der größten Burgen des Mittelalters. Hier residiert der Hochmeister des Deutschen Ordens. Die Ritterbrüder wählen ihn auf Lebenszeit, er ist geistliches Oberhaupt des Ordens – und zugleich ein weltlicher Herrscher mit eigenem Hofstaat.

1368 hat Winrich von Kniprode das Amt inne. Seit fast 20 Jahren treibt er die Besiedlung des Ordensgebiets mit deutschen Einwanderern voran, lässt neue Dörfer gründen. Und dank erfolgreichen Getreideexports sowie der Monopole auf den Bernstein- und Salzhandel, die die Deutschritter halten, gehört ihr Gemeinwesen zu den wenigen Staaten in Europa, die Überschüsse erwirtschaften.

DIE URSPRÜNGE des Deutschen Ordens liegen an einer ganz anderen, weit entfernten Küste am Rande des Mittelmeeres: im Heiligen Land. Während der Kreuzzüge haben Lübecker und Bremer

BASTION AUS BACKSTEIN
Es gibt in der Region kaum Steinbrüche, aus denen sich Baumaterial gewinnen lässt. Daher nutzen die Architekten gebrannte Ziegel. Die Ordensburgen errichten sie streng und klar: Drei oder vier Burgflügel schützen einen viereckigen Innenhof. Nach außen hin ein geschlossener, mächtiger Block

Kaufleute dort im Jahr 1190 ein Feldlazarett für christliche Kämpfer gegründet. Aus der Laiengemeinschaft, die das Hospital führte, entstand 1199 mit Genehmigung des Papstes ein Ritterorden.

Fortan nahm die Bruderschaft der Krankenpfleger auch adelige Krieger auf, die Armut, Gehorsam und Keuschheit gelobten – und die Burgen der Europäer gegen die Muslime verteidigten.

Als die Lage im Heiligen Land für die Christen immer schwieriger wurde und viele ihrer Stützpunkte in die Hände muslimischer Truppen fielen, fand der Orden in Europa eine neue Aufgabe. Der Papst und einige Fürsten versprachen den Rittern eigene Territorien an der Ostsee, falls es ihnen gelänge, die dort lebenden heidnischen Prußen zu unterwerfen.

Tatsächlich eroberten die Ordenskrieger dort ab 1230 große Gebiete, gründeten einen Staat und annektierten binnen weniger Jahrzehnte die gesamte Küste von Danzig bis ins heutige Estland.

Das neue Gemeinwesen war ein Solitär in Europa, geführt nicht von einem fürstlichen Herrscher, sondern einem Ritterkollektiv, dem ein Hochmeister vorstand. Einige Hundert Ordensleute kontrollierten ihr Territorium mithilfe eines dichten Netzes von weit über 100 Festungen.

Die Verwaltung gehörte zu den modernsten ihrer Zeit. So konnten die Ordensritter dank eines komplexen Postsystems (mit Ein- und Ausgangsvermerk und der Möglichkeit für Eilbriefe) Informationen schnell verbreiten. Das half, Handel und Wirtschaft zu organisieren: Als größter Grundbesitzer der Region führte der Orden bedeutende Agrarbetriebe, verdiente viel Geld durch die Kooperation mit den Kaufleuten der Hanse.

Die unterworfenen Einheimischen wurden zwangsgetauft und zur Arbeit herangezogen. Wer sich anpasste, konnte im Staat durchaus Karriere machen.

Um das Jahr 1300 begann der Hochmeister des Ordens, Adelige aus ganz

Europa zu Feldzügen gegen die benachbarten heidnischen Litauer einzuladen.

Wer sich diesen begrenzten Militäraktionen von wenigen Wochen Dauer anschloss, dem verhieß der Papst den Ablass von Sündenstrafen. Schon bald war die Preußenfahrt ein fester Termin im Kalender vieler europäischer Ritter, die zum Teil sogar aus Spanien anreisten.

°

AM 31. DEZEMBER 1368 empfängt Winrich von Kniprode, Hochmeister des Ordens, Johann von Blois in der Marienburg. Die beiden tauschen Gefälligkeiten aus. Der Angereiste nimmt drei Verwandte Winrichs als Ritter in seinen Dienst auf. Der Hochmeister verteilt Präsente, wie sie von einem Manne seines Ranges erwartet werden, darunter vier Falken.

Von der Marienburg geht Johanns Reise weiter nach Königsberg. Die Stadt ist ein Schmelztiegel der Völker. Neben einheimischen Prußen (die die Unterschicht bilden) leben hier wohlhabende Kaufleute, etwa aus den deutschen Landen, aber auch Polen und Litauer.

In der Königsberger Burg residiert der Oberste Marschall des Ordens. Er koordiniert die alljährlichen Militärexpeditionen und ist einer der wichtigsten Ansprechpartner für die Gäste.

Wahrscheinlich kommen in diesem Herbst rund 200 adelige Ritter in den Ordensstaat; mit den untergebenen Kämpfern sind es insgesamt etwa 700 Kombattanten, eine übliche Teilnehmerzahl. Und eine wesentliche Verstärkung für die Deutschritter. Johann von Blois befehligt als vornehmster Herr der Saison wohl ein Fünftel des Gästekontingents.

Sobald sich alle Kämpfer in Königsberg versammelt haben, geben die Ordensoberen in der Regel die Marschbefehle für die diesjährige Expedition bekannt.

Aber in diesem Winter geschieht erst einmal: nichts.

Denn die Witterung ist viel zu mild. Da die Sümpfe östlich von Königsberg nicht zugefroren sind oder von Schnee bedeckt, würden die Pferde mitsamt den schwer gerüsteten Kriegern kaum vorankommen. Die Ritter sind zum Ausharren gezwungen. Johann mietet einige Räume im Haus eines reichen Kaufmanns.

In den folgenden Wochen laden sich die Adeligen gegenseitig zu Gastmählern und Festen ein. Sie kennen sich von früher, knüpfen Kontakte, halten sich auf dem neuesten Stand, betreiben Politik.

Dabei benehmen sich die Edelleute oft wenig ritterlich: Sie trinken viel Alkohol, würfeln um Geld, tändeln mit Prostituierten. Ein Graf zahlt einem Knecht Geld, damit der sich zur Belustigung anderer hoher Herren wieder und wieder auf den Kopf schlagen lässt.

Auch Johann von Blois genießt das Gesellschaftsleben. Sein mitreisender Buchhalter notiert penibel die Ausgaben für Bankette, Trinkgelder, Souvenirs, Spielschulden. Immer wieder versäumt Johann die tägliche Messe und übergibt seinem Kaplan deshalb insgesamt sechs Gulden für Almosen.

Und nicht alle Ritter kommen gut miteinander aus. Politische Ereignisse wie der Hundertjährige Krieg zwischen England und Frankreich werfen ihre Schatten. So empfängt Johann von Blois Franzosen und Italiener bei Tisch, aber keine Engländer.

Die wiederum reißen im Königsberger Dom einige Wappentafeln nieder, die der aus französischer Familie stammende Johann bei seiner früheren Reise hat aufhängen lassen.

Zuweilen muss der Oberste Marschall als Schiedsrichter auftreten – etwa als sich Engländer und Schotten prügeln.

Zum „Ehrentisch“ aber kommen alle höhergestellten Ritter einträchtig zusammen. Es ist der gesellschaftliche Gipfel der Königsberger Saison, das letzte und größte Fest vor dem Aufbruch zu den Expeditionen. In diesem Jahr ist Winrich von Kniprode der Gastgeber. Im Speisesaal der Burg bewirtet er alle angereisten Gäste.

Während des Festmahls preisen Herolde die Taten der Teilnehmer. Am Ehrentisch sitzen die tapfersten der fremden Ritter – wohl eine Anspielung auf die Sage von König Artus und dessen Tafelrunde, die sich die Menschen gern erzählen und der viele Ritter nacheifern.

Nach dem Mahl mit Dankgebet tragen Ordensbrüder die Satzung und Geschichte der Ehrentafel vor, dann heftet einer von ihnen den am Tisch sitzenden Rittern eine Devise in goldenen Lettern an die Schulter: „Ehre besiegt alles."

Der Ehrentisch von Königsberg ist in ganz Europa bekannt und erhöht die Anziehungskraft der Preußenfahrten. Einige Jahre lang scheint er sogar eine Art Rangfolge vorzugeben: Wer am Kopfende des Tisches sitzt – eine nur einmal im Leben gewährte Ehre –, hat die Spitze der internationalen Ritterschaft erklommen. Auch der Königsberger Dom, in dem alle Preußenfahrer ihre Wappen an die Wände malen lassen, wird zu einer Ruhmeshalle des Rittertums.

Der Staat der Deutschritter reicht um 1400 von der Danziger Bucht bis zum Finnischen Meerbusen

LANGE MUSS JOHANN VON BLOIS in Königsberg warten, ehe es schließlich losgeht. In der Regel durchqueren die Ritter zunächst die „Große Wildnis", das Grenzgebiet zu Litauen im Osten. Gut sieben Tage lang reiten sie durch eine fast menschenleere, morastige Gegend, in der sich selbst Ortskundige gelegentlich verirren. Oft müssen sich die Kämpfer ihre Wege erst mühsam selber bahnen.

Die Gegner am anderen Ende dieser Wildnis sind ein ebenbürtiger Feind. Die Litauer ringen im Osten mit dem Großherzogtum Moskau um Einfluss; im

ZENTRUM DES ORDENSSTAATES
Um 1310 entsteht als Sitz des Hochmeisters der Deutschritter nahe Danzig die Marienburg, eines der mächtigsten Bauwerke des Mittelalters. Fast 40 Jahre dauert der Ausbau zur Residenz, die mit mehreren Burgmauern und einem tiefen Graben geschützt wird

Süden erstreckt sich ihre Herrschaft bis nach Kiew.

Die angereisten Ritter erzählen sich grausame Geschichten über ihre Feinde: Gefangene, heißt es, verbrennen die Litauer lebendig, samt Ross und Rüstung.

Mit dem Deutschen Orden liegen die Einheimischen seit Jahren in einem unruhigen Patt. Immer wieder kommt es im Grenzgebiet zu gegenseitigen Raubzügen, ist diese Region heftig umkämpft.

Brutal ist die Kriegführung auf beiden Seiten. Denn es geht weniger darum, Gebiete zu erobern, sondern um die Demoralisierung und Schwächung des Gegners: Man verwüstet sein Land, dezimiert die Bevölkerung, raubt seinen Besitz. Und das mit schnellen, überraschenden, überaus harten Attacken. Diese Art des Kampfes hat im Baltikum Tradition, und die christlichen Ritter übernehmen sie mit grausamer Präzision. Ihr Vorgehen nennen sie *vastacio*, „Verheerung".

Sobald die Preußenfahrer das feindliche Gebiet erreicht haben, schlagen sie ein Basislager auf, von dem aus kleinere Trupps in die Umgebung aufbrechen. Die plündern, brandschatzen, zerstören Häuser, Gehöfte, Dörfer, jagen Menschen.

Sie ergreifen Männer, Frauen und Kinder, töten oder entführen sie. Rauben Rinder und Pferde, vernichten die Ernte, Getreide, brennen Felder nieder.

Ehe die angegriffenen Litauer ernsthaft zum militärischen Gegenschlag ausholen können, ziehen die Ritter weiter und wiederholen ihr tödliches Werk an anderer Stelle. Nur etwa zwei Wochen dauert ein solcher Verheerungszug, kaum länger als einen Tag und eine Nacht bleiben die Angreifer an einem Ort.

Geraten die Trupps beim Rückzug in Bedrängnis, töten sie meist alle Gefangenen, alle erbeuteten Tiere.

Lebend Entführte verkaufen sie als Sklaven oder siedeln sie unter Zwang auf Ordensgebiet an. Rund 200 000 Litauer werden auf diese Weise insgesamt von den Rittern verschleppt, wohl um ein Vielfaches mehr Menschen bei den Attacken getötet. Im Laufe der Jahre kommt es vom Gebiet des Deutschen Ordens aus zu mehr als 120 Verheerungszügen der christlichen Krieger, 16 allein in den zehn Jahren vor Johanns Zug 1369.

Und stets meiden die Ritter – wie auch die Litauer – große Konfronta-

BEDRÄNGTE MACHT
Die Herrschaft der Deutschritter ist ständig gefährdet. Denn der kleinen Zahl von Ordensbrüdern steht eine einheimische Mehrheit entgegen, die immer wieder gegen die fremden Herren aufbegehrt. Und jenseits der Grenze bildet sich eine feindliche Allianz Litauens mit dem Königreich Polen (Ruine der Burg Wesenberg)

tionen mit den feindlichen Kämpfern. Denn wenn es dazu kommt, kann vieles schiefgehen.

Zwei Jahre vor Johanns Reise haben Preußenfahrer versucht, eine Festung der Litauer auf der Höhe des späteren Kaunas an der Memel zu erobern. Aber die Einheimischen waren stärker.

Sie schlugen die Ritter zurück, verfolgten sie ein Stück den Fluss hinunter, versperrten ihnen den Weg zu den Schiffen und griffen mit einer Übermacht an: Lanzenreiter, Krieger, bewaffnet mit Doppeläxten, Knüppeln und Steinen.

Nur mit letzter Not gelang es den christlichen Kämpfern schließlich doch noch, per Schiff zu fliehen.

MANCHE HISTORIKER werden später bezweifeln, ob die winterlichen Feldzüge der schweren Panzerreiter durch die Sümpfe Litauens militärisch wirklich sinnvoll waren. Oder eher ein gewalttätiger Sport für gelangweilte Adelige, die Heiden jagen und Feste feiern wollten.

Doch richtig ist: Für einen bloßen Zeitvertreib waren die Reisen der Ritter zu entbehrungsreich und gefährlich. Immer ging es auch um wertvolles Prestige im Kampf für die Sache des Christentums. Zudem übten die Litauer von Osten her beständig Druck aus. Ohne die alljährliche Verstärkung der Truppen durch die Preußenfahrer hätten die Ordensbrüder dem wohl nicht dauerhaft standhalten können.

Die ritterlichen Gäste halfen, das Gebiet und damit das Überleben des Deutschordensstaates zu sichern.

Johann von Blois bekommt im Frühjahr 1369 einen besonderen Auftrag. Er soll mit seinen Kriegern diesmal keinen Verheerungszug unternehmen, sondern einen dauerhaften militärischen Stützpunkt an strategisch wichtiger Stelle aufbauen, mitten im Grenzland.

Auf Anweisung des Hochmeisters reist er, begleitet von 50 Rittern und Knechten, mit Booten auf der Memel nach Osten, um einen Vorposten zu errichten. Eine wehrhafte Holzbastion, umgeben von Erdwällen, die den Namen „Gotteswerder" erhalten soll.

Während die Knechte an der Burg arbeiten, schützen Ritter den Bauplatz, kundschaften die Umgebung aus und sichern die mit Material und Proviant beladenen Schiffe. Vermutlich kommt es auch zu Scharmützeln mit dem Feind. In der neu entstehenden Festung kleidet

1369 zieht Ritter Johann von Blois von Königsberg über die Memel bis tief in Feindesland, um dort eine Festung zu errichten

Johann einen hölzernen Saal mit seinem Wappenschmuck aus.

Wahrscheinlich lässt sich Johanns Bruder Guido hier im Feindesland feierlich in den Ritterstand erheben. Im Einsatz gegen Heiden zum Ritter geschlagen zu werden gilt als besonders ehrenvoll.

Im Mai 1369 reist Johann zurück. Und am 29. Juni kehrt er schließlich heim in sein Schloss Schoonhoven bei Gouda, nach 222 Tagen Reise. Als einer von wenigen Rittern hat er es sich geleistet, bis zum Frühling im Deutschordensstaat zu bleiben.

Das gut siebenmonatige Abenteuer hat ihn etwa 17 000 preußische Mark gekostet – die teuerste bekannte Preußenfahrt. Gut 1000 Menschen hätten davon ein Jahr lang leben können. Die Kredite, die er für die Reise aufgenommen hat, zahlt er pünktlich zurück, zum Teil allerdings, indem er sich neue Darlehen verschafft.

Es ist sehr wahrscheinlich, dass er sich nach seiner Rückkehr von Untertanen und auf Banketten mit anderen Adeligen für seine Heldentaten preisen lässt. Gut möglich auch, dass er dem Deutschorden weiter durch regelmäßige Geldspenden verbunden bleibt.

Noch einmal wird der Ritter die lange Reise aber nicht auf sich nehmen. 1381 stirbt Johann, mit knapp 40 Jahren, ohne eheliche Nachkommen, sein Erbe fällt an den jüngeren Bruder Guido.

Der Deutsche Orden lädt auch danach noch zu Preußenfahrten ein. Doch schon bald folgen immer weniger Ritter dem Ruf. Das liegt unter anderem daran, dass sich der litauische Großfürst Jogaila 1386 taufen lässt und nach seiner Hochzeit mit der Königin von Polen den dortigen Thron besteigt. Ein Kampf gegen ihn ist für die Edlen nun kein ehrbarer Kreuzzug gegen Heiden mehr.

Den Deutschrittern ist die neue Union aus Polen und Litauern allerdings ein umso mächtigerer Gegner. Nur wenige Freiwillige kommen dem Orden zu Hilfe, als dessen Truppen im Jahr 1410 nahe Tannenberg einem polnisch-litauischen Heer gegenüberstehen. Bei dieser Feldschlacht – mit 50 000 Kämpfern eine der größten des Mittelalters – fallen am Ende der Hochmeister und nahezu der gesamte Führungszirkel des Deutschen Ordens, dazu 200 seiner Ritter.

Von der Niederlage wird sich die Rittergemeinschaft nicht mehr erholen. Der Orden muss dem siegreichen Gegner hohe Kontributionen leisten und später die Oberhoheit des Königs von Polen anerkennen. 1525 wandelt der Hochmeister den Ordensstaat schließlich in ein weltliches Herzogtum um.

176 Jahre später wird diese Herrschaft einem neuen, militärisch und politisch überaus erfolgreichen Königreich seinen Namen geben: Preußen. ◊

DIE FRAU IN WEISS

Könige, Bischöfe, Ritter: Die Macht liegt fast immer in Händen von Männern. 1226 überträgt der sterbende König von Frankreich seiner Gemahlin Blanka von Kastilien die Regierung. Sie trotzt allen Intrigen und Verschwörungen – und triumphiert dank ritterlicher Tugenden

TEXT: *Hanno Scheerer*

Sie reitet an der Spitze Hunderter Ritter in den Kampf, nimmt Burgen ein, rekrutiert Truppen, ist taktisch versiert und willensstark: Auch wenn das Rittertum eine Domäne der Männer ist, gibt es Frauen, die dem Ideal der Panzerreiter nacheifern – und kaum eine kommt ihm so nah wie Blanka von Kastilien.

Bereits als Zwölfjährige wird die Tochter des Königs von Kastilien (und Nichte des englischen Königs) 1200 mit dem französischen Thronfolger verheiratet, um so einen Friedensschluss zwischen England und Frankreich zu besiegeln.

In den ersten Jahren nach der Hochzeit scheint Blanka allen Erwartungen des Hofes zu entsprechen: Sie gebiert 1209 einen männlichen Thronfolger, gilt als fromm und tugendhaft, gibt Almosen an die Armen und Spenden an die Kirche.

Doch mit der Zeit überschreitet sie die Grenzen, die ihr die Moralvorstellungen der Zeit als Frau setzen: Die sittsame und gottesfürchtige Mutter wird nun auch eine machtbewusste Politikerin. Und eine Kriegerin.

Was genau sie zu ihrem Rollenwechsel bewegt, vermag heute niemand mehr zu sagen – jedenfalls unterstützt sie ihren Mann, der sich ab 1216 einen Adelsaufstand in England zunutze machen will, um nach der englischen Krone zu greifen: Blanka hebt in Nordfrankreich Truppen aus, stellt eine Invasionsflotte zusammen, wirbt dabei auch einen gefürchteten Piraten als deren Befehlshaber an.

Zwar unterliegen die Angreifer in einer Seeschlacht, und der Griff nach der englischen Krone scheitert, doch Blanka hat bewiesen, dass sie ebenso hart und entschlossen ist, wie es von einem männlichen Herrscher erwartet wird.

1223 besteigt ihr Gemahl als Ludwig VIII. Frankreichs Thron, doch schon drei Jahre später stirbt er, wohl an der Ruhr. Kurz vor seinem Tod verfügt der König, dass seine Gattin das Land bis zur Volljährigkeit des Kronprinzen verwalten soll – und zwar ohne sich die Macht mit einem hohen Kleriker zu teilen, wie sonst üblich.

Eine Sensation. Zwar ist es üblich, dass Frauen vorübergehend als Vormund für minderjährige Monarchen herrschen, doch in Frankreich gab es noch nie eine Königin, die ohne männlichen Beistand regiert hat.

Blanka aber versteht es, zu taktieren und zu kämpfen. Und zu beidem ist sie schon bald gezwungen.

Denn Frankreichs Provinzen werden von Aristokraten regiert, die stets nach mehr Unabhängigkeit von Paris streben. Und mit einem Kind als König und einer Frau als Regentin sehen sie nun ihre Chance gekommen.

Der Graf der Bretagne ist Anführer der Verschwörung. Zwischen 1227 und 1230 verbündet er sich immer wieder mit anderen Adeligen und zieht Truppen zusammen, um die Macht im Königreich an sich zu reißen.

Doch Blanka manövriert die Rebellen rasch aus: Sie wendet sich an den Grafen der Champagne, der ihr angeblich hoffnungslos verfallen ist. Und der Verliebte schickt ihr 800 Ritter zur Hilfe.

Im Januar 1229 greift die Regentin gemeinsam mit ihrem Sohn die adeligen Meuterer in einer von deren Burgen an. Mit einer Attacke mitten im Winter haben die Aufrührer wohl nicht gerechnet. Ganz in Weiß gekleidet und auf einem weiß geschmückten Pferd reitet Blanka den Truppen voran – so berichten es Chronisten. Zwar kämpft sie selbst nicht mit dem Schwert, führt aber persönlich das Kommando über ihre Armee, sammelt dem Vernehmen nach sogar Feuerholz für die Männer. Schließlich erstürmen Blankas Ritter die Burg, die Rebellen sind bezwungen. So kann sie die Königsherrschaft sichern, bis ihr Sohn als Ludwig IX. den Thron offiziell besteigt.

Auch später ist sie ihm eine wichtige Beraterin – und als sich der Monarch 1248 auf einen Kreuzzug begibt, vertraut er ihr abermals die Regierungsgewalt an, vier Jahre lang, bis sie 1252 plötzlich erkrankt und im Alter von 64 Jahren stirbt.

„So sagte die edle Dame Blanka, dem Geschlecht nach eine Frau, in ihren Ratschlägen aber ein Mann, der Welt Lebewohl", notiert der Chronist Matthäus von Paris über jene Frau, die fromm war und eine harte Kriegerin, kluge Herrscherin und demütige Dienerin – und die damit alle Tugenden eines Ritters in sich vereinigte. ◊

RICHARD LÖWENHERZ ist ihr Onkel, der König von Frankreich ihr Gemahl: Blanka von Kastilien behauptet sich mit Mut und Weitsicht in der von Männern dominierten Welt der Herrscher und Ritter um 1400

Frauen im Mittelalter

Dem Manne UNTERTAN

CHRISTINE DE PIZAN belehrt eine Gruppe von Männern: Die Autorin schreibt in ihren Texten Ungeheuerliches – etwa, dass Mädchen nicht dümmer seien als Jungen (Buchmalerei, 1405)

Verlogen, treulos, gierig und schwach: Frauen gelten im Mittelalter als minderwertige Wesen, die sich den Männern zu unterwerfen haben. Doch um 1400 begehrt die Französin Christine de Pizan gegen diese vermeintlich gottgegebene Ordnung auf. Sie wagt es sogar, Rittern Ratschläge zu erteilen. Ihre Waffe ist die Schreibfeder – und ihr Ziel eine gerechtere Welt

TEXT: *Thea Martins*

Was, wenn eine andere Welt möglich wäre? Eine Welt, in der nicht eine Hälfte der Menschheit als schwach, minderwertig, ja gefährlich gebrandmarkt wäre. In der diese Hälfte nicht verleumdet würde, misshandelt, wieder und wieder mit geringeren Rechten abgespeist. Was, wenn Mann und Frau gleich viel zählten?

Dies ist ein revolutionärer Gedanke im Paris der Jahre um 1400. Man muss kühn sein und selbstbewusst, um so zu denken. Und genau diese Eigenschaften besitzt Christine de Pizan, Dichterin in einer Männerwelt – und eine außergewöhnliche Frau.

Im schlichten dunkelblauen Kleid sitzt sie da, das lockige Haar versteckt unter dem weißen Tuch einer Hörnerhaube, die das Gesicht umschließt. Über den Schreibtisch gebeugt, die Schreibfeder in der rechten, das Radiermesser in der linken Hand, versunken in ihrer Arbeit, ihrer Kunst, in der Einsamkeit ihres Studierzimmers. So sieht man sie auf einer Illustration ihrer Zeit in einem ihrer Werke.

Im Jahr 1405 vollendet sie ihren bedeutendsten Text: „Das Buch von der Stadt der Frauen“. Rund 250 Seiten, die einen großen Wurf enthalten. Die Vision von einem Ort, an dem die Frauen genauso klug, genauso stark, genauso anerkannt sind wie die Männer.

Christines Kühnheit ist umso bemerkenswerter, weil sie allein steht. Und sie weiß, wie sehr sie Ausnahme ist in einer Epoche, die kaum schreibende Frauen kennt und keine wie sie: eine Dichterin, für die das Schreiben nicht Fingerübung, Zeitvertreib ist, sondern Beruf.

Sie ist eine gelehrte Frau, die sich ihr Wissen und Handwerk selbst beigebracht hat. Eine Mahnerin und Moralistin, die erfahren hat, was es heißt, am Rande der Gesellschaft zu leben, als Witwe, macht- und mittellos, und die sich als Dichterin zur Wehr setzt gegen die Selbstverständlichkeit, mit der Frauen niedergehalten werden, in der Literatur und im Leben.

Ihr **BUCH** ist eine Unverschämtheit

„Ich, Christine“: So schreibt sie. Selbstsicher, sendungsbewusst. Überzeugt, dass jeder ihrer Gedanken es verdient, gelesen zu werden. Dass ihre Ideen sich mit denen eines Mannes messen können. In fast jedem ihrer Werke tritt sie in Erscheinung, schreibt sich in den Text, zeigt sich auf den Miniaturen, die ihre Buchmanuskripte schmücken.

°

PARIS, UM 1400. Christine ist Mitte dreißig und hat erst wenige Jahre zuvor mit dem Schreiben begonnen, als sie jenes Werk veröffentlicht, das ihr den Durchbruch bringen wird: „Der Sendbrief der Othea“, eine Unterweisung für Ritter und andere hochgestellte Personen, Ratschläge für ein rechtschaffenes Leben.

Keines ihrer Bücher wird zu Christines Lebzeiten mehr gelesen werden als die Lektionen der fiktiven Göttin Othea an den Königssohn Hektor von Troja.

Dieses Werk ist anders als alle Bücher, die zuvor erschienen sind – und eigentlich eine Unverschämtheit. Die Autorin nimmt sich heraus, Männer zu belehren, mehr noch: Ritter zu belehren. Jenen Stand, auf den sich ein ganzer Staat stützt. Zudem treten in vielen der mythologischen Geschichten, in die sie ihre Lektionen für die Ritter kleidet, Frauen als Vorbilder auf. Auch das unerhört.

Zwar erklären Ritter edle Frauen stets zum Ziel ihrer Sehnsüchte, begehren und verehren sie, schmachten sie in Minneliedern an. Zwar heben die Gläubigen eine Frauenfigur, die Muttergottes, im Marienkult aufs höchste Podest. Zugleich aber werden Frauen als sündhafte Kreaturen verachtet, nicht würdig, eine eigene Meinung zu haben, einen eigenen Beitrag zu leisten.

Daher sei es Aufgabe der Männer, festzulegen, welchen Platz weibliche Geschöpfe in Kirche, Wirtschaft und Familie einzunehmen hätten. Predigten, Moralschriften und Volksweisheiten geben ihnen unmissverständlich vor, wie sie zu sein haben: mäßig und keusch, gehorsam, schweigsam und den Blick stets gesenkt.

Mit einem Wort: unterwürfig.

Doch genau das ist Christine de Pizan nicht. Sie setzt sich zur Wehr gegen die Selbstverständlichkeit, mit der Frauen verleumdet werden. Und geht am Ende noch viel weiter. Denn sie besitzt – weit vor der Zeit – die Kühnheit, eine ganz neue Welt zu entwerfen: eine der gleichberechtigten Geschlechter.

Schicksalsschläge haben die Autorin geformt. 1365 wird sie in Norditalien geboren. Ihr Vater Tommaso, der dem Landadel der Hügelstadt Pizzano südöstlich von Bologna entstammt, hat an der Universität Bologna Medizin und Recht studiert, dann als Professor für Astrologie gelehrt. Kurz nach Christines Geburt geht er als Leibarzt und Astrologe an den Hof des französischen Königs.

Christine verehrt ihren gelehrten Vater, der sie so wie ihre beiden älteren Brüder unterrichtet. Üblich ist das nicht: Lesen, Schreiben, Rechnen lernen manche Mädchen aus bessergestellten Familien vielleicht noch – der Zugang zu höherer Bildung aber ist für sie nicht vorgesehen. Auf die Universitäten, die gerade in immer größerer Zahl gegründet werden, dürfen nur Männer gehen.

Tommaso gehört nicht zu jenen, die glauben, zu viel Wissen schade einer Frau, aber die Mutter stellt sich dem Lernwillen der Tochter entgegen und will sie mit Handarbeiten beschäftigen, mit Nähen und Spinnen.

Zusammenklauben muss Christine sich ihr Wissen, in kleinsten Bruchstücken, erinnert sich die Autorin später, muss mühsam sammeln, was für sie abfällt von der Weltkenntnis des Vaters.

Als 15-Jährige wird sie mit Étienne du Castel verheiratet, einem Notar am französischen Königshof.

Nach einigen Jahren des Glücks stürzt der Tod dramatisch in ihr Leben: In kurzer Folge sterben der alternde Vater und, wohl an der Pest, ihr Ehemann.

Christine bleibt, 25-jährig, allein zurück mit der Verantwortung für drei Kinder und ihre Mutter – und das in einer Zeit, in der von Witwen schnelle Wiederheirat erwartet wird oder ein Leben in völliger Zurückgezogenheit.

„Nun musste ich auf einmal selbst Hand anlegen, die Verwöhnte und Behütete, die dies alles nicht gelernt hatte", schreibt sie später über diese Jahre.

Ihr Vater, am Ende seiner Karriere verarmt, hat ihr kaum etwas vererbt. Und nichts wusste sie über die Geldgeschäfte ihres Mannes. Jetzt muss sie streiten und Prozesse führen um sein Vermögen, um Darlehen und Grundbesitz.

Die Familie hungert, Geldeintreiber tragen ihr bei Zwangsvollstreckungen die Habe fort aus dem Haus. Angst treibt sie um, die Scham, wenn sie sich Geld leihen muss, die schlaflosen Nächte, die ungezählten Tage im königlichen Gericht.

Jahre später wird sie in einem Gedicht beschreiben, was sie schließlich rettet: Wie sie wie aus einem langen Schlaf erwacht, verwandelt. Der Moment, in dem sie lernt, sich auf sich selbst zu verlassen, unabhängig zu leben und zu denken. Der Körper nun kräftiger, die Stimme lauter, der Kopf ohne Angst: „Ich spürte mein starkes und kühnes Herz, staunte darüber und merkte, dass ich wahrhaftig ein Mann geworden war."

> Die **KIRCHE** prägt das Frauenbild

°

DIE FRAU: EIN FEHLER DER NATUR. Ein Mängelwesen, im Leben nur dazu bestimmt, Kinder zu gebären. Schwach an Körper, Geist, Moral, dem Mann untertan, seiner Führung anvertraut, dabei eine ständige Gefahr für sein Seelenheil.

So sehen es viele Kleriker des Mittelalters. „Dieses Geschlecht", schreibt ein Abt eines Benediktinerklosters in Frankreich, hat Adam „unseren Stammvater vergiftet, hat Johannes den Täufer zugrunde gerichtet, den überaus mutigen Samson dem Tode ausgeliefert. In gewisser Weise hat es auch den Heiland getötet, denn wenn seine Sünde es nicht heraufbeschworen hätte, hätte unser Heiland nicht sterben müssen. Wehe diesem Geschlecht, das weder Furcht noch Güte noch Freundschaft kennt, und das mehr zu fürchten ist, wenn es geliebt als wenn es gehasst wird."

Die Kirche prägt das Frauenbild. Seit sie im 12. Jahrhundert den Zölibat für Priester zur Pflicht gemacht und Klerikern Ehe und Sex verboten hat, sind die Geistlichen ständig bemüht, die ihnen auferlegte Enthaltsamkeit zu rechtfertigen. Sie stützen ihre Lehren auf Denker der Antike, die den Mann zum Maß aller Dinge erklärt haben.

Schwach und dem Mann unterworfen, so sieht die Kirche die Frau – aber auch als Verführerin, sündhaft und verdorben, ein Hindernis auf dem Pfad der Tugend.

Als Werkzeug des Teufels beschreiben Kleriker sie in ihren Traktaten, und die Laien machen es ihnen nach. In Gedichten und Erzählungen finden sich Aufzählungen jener Laster, die Frauen vorzuwerfen sind: Eifersucht, Heuchelei, Habgier, Doppelzüngigkeit, Treulosigkeit, Verschwendungssucht – all das angeblich belegt durch die Bibel, durch Sagen und die Geschichte.

Diese Sicht bleibt nicht ohne Folgen für die Wirklichkeit: Während Männer sich Geliebte halten und Prostituierte besuchen, während Adelige sich mit Frauen aus niederen Ständen so gut wie alles erlauben, können Frauen für Ehebruch verstoßen werden, mit schweren Bußen belegt, mit dem Tode bestraft.

Tagelöhnerin, Bäuerin, Bürgersfrau, Aristokratin: So unterschiedlich diese Frauen sein mögen, so sehr ähneln sie sich im Verhältnis zum anderen Geschlecht.

Denn auch die Frauen des Adels sind Männern untergeordnet, rechtlich und sozial. Sie können nicht entscheiden,

AN DEN HÖFEN gilt zwar das Ideal des Ritters, der sich selbstlos in den Dienst einer Dame stellt. Doch diese romantisierte Idee spiegelt die Wirklichkeit kaum wider

WÄHREND SÖHNE sich im Kampf üben, lernen hochgeborene Töchter Handarbeit. Sie werden jung verheiratet, mit Männern von Rang und Besitz – die oft deutlich älter sind

FRAUEN haben vor der Heirat keusch zu sein. Und in der Ehe treu. Für Männer gelten dagegen andere Regeln: In Badestuben (oben) bieten Prostituierte ihre Körper feil

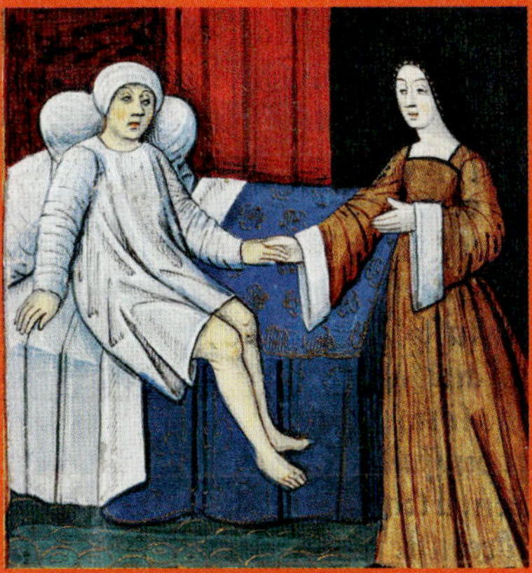

HEILERINNEN behandeln Krankheiten, Hebammen helfen bei Geburten. Ausgebildete Ärzte können jedoch nur Männer werden, weil Frauen das Medizinstudium verboten ist

KÜNSTLER inszenieren Ritter als Edelmänner, die Angebetete ehrenvoll umwerben. Aber besonders für Frauen niederen Standes sind Vergewaltigungen eine stete Gefahr

ob sie einen Mann erhören. Sie haben keine Wahl. Ihre Heirat arrangieren andere. Liebe spielt dabei keine Rolle.

Gewöhnlich haben sich die Mädchen, kaum dass sie die Pubertät erreichen, in die Heiratspolitik ihrer Familien zu fügen. Die geben ihre Töchter vorzugsweise in die Hände derer, die Vermögen und Einfluss der Sippe sichern.

Nie sind die Frauen selbstbestimmt, immer unter Vormundschaft: von Vater, Bruder, Ehemann. Wichtige Rechtsgeschäfte der Frau müssen in der Regel vom Gatten ausgeführt oder gestattet werden.

In höchsten Sphären, immerhin, sind den Frauen weniger enge Grenzen gesetzt. In vielen Reichen dürfen die Gattinnen von Herrschern bei Abwesenheit oder nach dem Tod des Mannes regieren – wenn auch meist nur so lange, bis der eigentliche Thronfolger mündig ist.

Ganz ohne Autorität sind die Frauen nicht: In Haushalt und Familie, haben sie das Sagen, etwa bei der Erziehung der Kinder. Oder auf der Burg, wenn der Herr abwesend ist, im Krieg oder auf Reisen; bei einem Angriff beaufsichtigen sie nicht selten sogar die Verteidigung.

Doch die Macht endet an den Mauern, außen bleibt davon wenig. Auch in den Städten haben Frauen politisch nur geringen Einfluss, haben bei der Besetzung von Ämtern keine Mitsprache, dürfen nicht selbst kandidieren.

Wenigstens können sie in den Metropolen erfolgreich werden: In Paris und Köln beherrschen Frauen im 14. und 15. Jahrhundert das Seidenmachergewerbe. Weberinnen und Stickerinnen kommen zu Meisterehren und bilden Lehrlinge aus. In Köln reüssiert die Kauffrau Cathringen Broelmann im Eisenimport. In Lübeck sind Frauen an Schiffen beteiligt und befrachten sie, andere treiben Handel bis nach Schweden.

Christine de Pizan muss nach ihrer Lebenswende ihr neues Gewerbe erst finden. Wahrscheinlich arbeitet sie anfangs als Kopistin von Texten anderer. Daneben liest und lernt sie, gründlich und selbstvergessen. Beginnt mit der Frühgeschichte der Menschheit wie ein Kind mit dem Abc.

Und schließlich fängt sie an zu schreiben, Liebesgedichte zunächst, Balladen. Auch die Lyrik setzt viel Lernen und Wissen voraus, über Formen, über Regeln für Reime und Versmaß. Christine macht das Dichten zu ihrem Handwerk, in einer Zeit, in der Frauen Leserinnen sind, auch Mäzeninnen, aber fast nie Verfasserinnen von Literatur.

Ihre Texte kreisen vor allem um Trauer, Verlust, Einsamkeit. Sie hat großes Talent, das merkt sie wohl. Und Chancen, die anderen Frauen versagt bleiben: Über ihren toten Gatten verfügt sie über Verbindungen zu Höflingen und königlichen Beamten, deren Fürsprache und Unterstützung ihr den Weg ebnen.

Christine verlässt sich nicht allein auf ihre Verse, um adelige Gönner zu überzeugen. Stets achtet sie darauf, ihre Werke besonders kostbar zu gestalten, sie aufwendiger illustrieren zu lassen als die Bücher vieler männlicher Autoren.

Wahrscheinlich ist sie sich bewusst, dass sie auch Aufmerksamkeit findet, weil sie anders ist, eine Exotin – endlich ein Vorteil in der Welt der Ungleichheit. Aber immer wieder gibt es auch harsche Kritik an ihrer Arbeit, verdammen Männer ihre Werke als einer Frau nicht im Geringsten schickliche Gelehrsamkeit.

°

IM JAHR 1399 gelingt es Christine, ihre erste Gedichtsammlung, „Hundert Balladen", Frankreichs Königin Isabella zukommen zu lassen; und sie findet in der Monarchin wohl eine Unterstützerin.

Wenig später jedenfalls schreibt sie den „Sendbrief der Othea", jene Unterweisung für Ritter, die zu ihren Lebzeiten beliebter sein wird als jedes andere ihrer mehr als 40 Bücher.

Für das Werk über das sittliche Verhalten von Rittern und anderen Adeligen hat sie lange und gründlich recherchiert, zeigt nun, dass sie nicht nur Lyrik, sondern auch Prosa beherrscht. Die Ritter,

Die Minne

LIEDER DER LIEBE

Dichter besingen ab dem 12. Jahrhundert die selbstlose Liebe tugendhafter Ritter zu edlen Damen. Als besonders erhaben gilt die Zuneigung, wenn sie nie erwidert wird

EIN GRAF erhält vom Burgfräulein einen Kranz als Zeichen ihrer Gunst

Die Liebe, mittelhochdeutsch „Minne", ist ein wichtiger Teil ritterlicher Kultur. Dichter, inspiriert von französischer Lyrik, beschwören dieses Gefühl ab etwa 1170 an vielen Höfen, vor allem in den deutschen Landen. Sie verfassen kunstvolle Verse über die Zuneigung zwischen den Geschlechtern und präsentieren sie im Gesang zur Musik von Fiedel, Harfe oder Trommel.

Die meisten der Minnedichter sind adelig. Einige ziehen als fahrende Sänger umher, wie einer der berühmtesten von ihnen, der wohl in den österreichischen Landen geborene Walther von der Vogelweide. Andere stehen als Ritter oder Hofbeamte im Dienst eines Herren und dichten in dessen Auftrag – oder nur zum Vergnügen.

Ihr Minnesang spiegelt ein neues Verständnis der Liebe: Nicht mehr nur die religiöse Nächstenliebe oder Gottesliebe gilt nun als erstrebenswert, sondern auch die weltliche und erotische Zuneigung.

Zugleich formulieren viele Dichter in den Werken ein *Ideal* der Liebe, die „Hohe Minne". Oft entflammt in den Versen ein Ritter für eine Frau, kann sie aber nicht erreichen – vielleicht, weil die Angebetete verheiratet ist. In jedem Fall stellt sich der Mann selbstlos in ihren Dienst, bezirzt sie mit Gesten, Worten und Gesang, bleibt ihr ergeben, auch wenn sie ihn nie erhören wird, sein Begehren nie Erfüllung findet.

Die Hohe Minne zelebriert die Liebe als Übung in Verzicht, als Ritual aus Werben und Zurückweisen. Mit seiner Bereitschaft, sich gegen alle Hoffnung zu verpflichten, jedoch nie aufdringlich zu sein, beweist ein Mann seine Tugend, seine Ritterlichkeit. Die Frauen werden dabei oft ins fast Himmlische verklärt.

Vom Alltag an den europäischen Höfen ist das entworfene Bild der Liebe zwar meist sehr weit entfernt – doch die Kultur der Minne hat wichtige Funktionen: Mit dem Ideal des hochverfeinerten Liebeswerbens will sich der höfisch-ritterliche Adel vom Volk absetzen, die eigene Tugendhaftigkeit betonen. Und zugleich sind die Geschichten der Dichter auch schlicht Mittel der Disziplin: Die in ihnen verkündete Moral soll allzu raubeinige Ritter bremsen und die Frauen bei Hofe schützen.

Jens-Rainer Berg

CHRISTINE DE PIZAN hat gute Kontakte zum französischen Hof: Hier überreicht sie der Königin (im Bild links) persönlich einen Band mit ihrer Lyrik

denen sie hier Ratschläge erteilt, sind es, die den Frauen im Mittelalter etwas Hoffnung zu verschaffen scheinen. Denn an Fürstenhöfen ist eine lyrische Gegenwelt entstanden, die Frauen geradezu überschwänglich feiert: die ritterliche Minne, eine Kombination aus Gesten, Wort und Gesang, mit der Dichter Frauen anbeten, ihre Schönheit, Tugendhaftigkeit und Verehrungswürdigkeit zelebrieren, um sie werben.

Der Blick der Minnesänger auf die Frauen ist durchaus positiv – aber viel mehr als Schmuck und idealisiertes Objekt sind sie dennoch meist nicht.

Und mit der Wirklichkeit der Liebe an den Höfen haben die Gedichte ohnehin wenig zu tun: Auch bei Rittern herrschen Grobheit und Unterwerfung vor.

Weitaus lebensnaher ist da schon eine andere, offen frauenverachtende Art von literarischen Werken. Für viele dieser Autoren ist Verleumdung des weiblichen Geschlechts längst zur literarischen Mode geworden, zum satirischen Stilmittel, zum komischen Element.

Breit gelesen etwa wird der „Rosenroman“, in dem der Verfasser Frauen wortreich und offen allen Verstand abspricht und alle Ehre, in Sätzen wie: „Ihr seid, werdet oder wart alle Huren, durch die Tat oder durch den bloßen Willen.“

Christine de Pizan, inzwischen erfolgreich und selbstbewusst, kann solche Texte kaum ertragen. Begreifen die Menschen nicht, was sie da lesen?

„Dieses Werk ist ein sehr gefährliches Buch“, schreibt sie an einen Gelehrten in Paris. Zum Beleg berichtet sie von einem Mann, der den Rosenroman als eine Art Evangelium betrachte: „Dieser Ehemann ist nun über alle Maßen eifersüchtig, und wenn diese Krankheit ihm besonders stark zusetzt, dann greift er zu jenem Buch, liest seiner Frau daraus vor, schlägt auf sie ein und sagt: ‚Du Drecksweib, du bist genauso, wie er es sagt, und du legst mich genau so rein, wie er es beschreibt.‘ Und bei jedem Wort, das diesen Mann in seiner Meinung zu bestätigen scheint, versetzt er ihr einen oder zwei Fußtritte oder Hiebe.“

Doch Christine belässt es nicht bei der Kritik des Machwerks. Vielleicht braucht die Welt keine gelehrte Debatte, um ihre Sicht der Dinge zu begreifen – vielleicht braucht sie eine andere Vision. Eine Heldinnenerzählung. Und so beginnt sie, die Geschichte der Frauen neu zu schreiben. 1405 legt sie ihr „Buch von der Stadt der Frauen“ vor.

Zu Beginn des Textes sitzt sie selbst als Hauptfigur des Buches in einem Studierzimmer. Dort erscheinen ihr die Traumbilder dreier Frauenfiguren, die Vernunft, Rechtschaffenheit und Gerechtigkeit verkörpern und die jedes männliche Vorurteil über Frauen mit Beispielen außergewöhnlicher weiblicher Gestalten aus Geschichte und Mythologie widerlegen.

Mit all diesen vorbildlichen Frauen – den Gelehrten, Märtyrerinnen, Heiligen, deren Geschichten die Welt so leicht vergesse – soll die Protagonistin eine Stadt bauen und bevölkern, so tragen es ihr die drei traumähnlichen Besucherinnen auf, und verkünden: „Dies ist der Beginn eines neuen Reiches der Frauen." Eine Stadt als Zufluchtsort, als Gegenentwurf zur wirklichen Welt, in der Männer herrschen, allein und selbstherrlich.

Jede zu dieser Zeit verbreitete böse Nachrede über Frauen können die drei Traumfiguren entkräften.

Etwa den Vorwurf, verheiratete Frauen machten ihren Ehemännern das Leben mit ihrer Verschwendungssucht, ihrer ständigen Nörgelei zur Hölle: Ist es nicht viel eher umgekehrt?

Sind es nicht Männer, die ihre Frauen schlagen, beschimpfen, erniedrigen, sich in Wirtshäusern und Bordellen herumtreiben, während ihre Familien in Hunger und Armut leben?

Zu der Meinung, Männer seien klüger als Frauen, sagen sie: „Wenn man Mädchen in die Schule schicken, sie studieren lassen würde, dann würden sie genauso gut lernen und die letzten Feinheiten aller Künste und Wissenschaften ebenso mühelos begreifen."

Und wie viel mehr könnten Frauen wissen und leisten, wenn ihre Welt nicht so eng wäre, beschränkt auf ihren Haushalt mit seinen Pflichten.

Christine de Pizan fordert in diesem Buch Respekt. Aber sie nimmt Frauen auch in die Pflicht, sich die Anerkennung der Männer zu verdienen: Im Anschluss an die „Stadt der Frauen" veröffentlicht sie 1405 das „Buch von den drei Tugenden". Auf die Utopie folgt hier die praktische Lebenshilfe: In einem Erziehungsratgeber (wie ihn zuvor nur Männer, meist Kleriker, für Frauen verfasst haben) schreibt sie Lebensregeln fest für Bäuerinnen, Bürgerinnen, Dienstmägde, Adelige, Frauen aller sozialen Schichten, am Hof, auf dem Land, in der Stadt.

Die Autorin misst Frauen nicht an ihrer Beziehung zu einem Mann, teilt sie nicht wie alle anderen nur in Jungfrauen, Ehefrauen, Witwen: Christine sieht Frauen als Teil der Gesellschaft, und die wichtigste Tugend, die sie ihnen für ihr Leben mitgibt, ist nicht Glaube, Geduld, Gehorsam, sondern *prudentia*, Weltklugheit.

°

NIEMAND KANN HEUTE sagen, welche Wirkung diese so ungewöhnlichen Texte in der Zeit ihrer Entstehung gehabt haben – zu wenig ist dazu überliefert. Entzünden sie das Bewusstsein ihrer Geschlechtsgenossinnen? Wühlen sie die Menschen auf?

Oder tut man sie als die abseitigen Äußerungen einer Einzelkämpferin ab?

In jedem Fall ist die Autorin ihrer Zeit weit voraus, nimmt Inhalte und Argumente der modernen Frauenbewegung vorweg.

Im Juli 1429 veröffentlicht Christine de Pizan ihr wahrscheinlich letztes Werk: ein Gedicht auf Jeanne d'Arc, die Jungfrau von Orléans. Jene Bauerntochter aus Lothringen, der himmlische Stimmen angeblich aufgetragen haben, die englischen Besatzer aus Frankreich zu vertreiben. Eine 17-Jährige in ritterlicher Rüstung an der Spitze der Armee, die im Mai 1429 das belagerte Orléans von der englischen Herrschaft befreit und dem französischen König Karl VII. zu seiner Krönung in Reims verhilft.

Eine Frau wie eine Figur aus dem „Buch von der Stadt der Frauen", zum Leben erwacht.

Nur Monate nach diesem Erfolg aber wird Jeanne d'Arc bei dem Versuch, Paris einzunehmen, verwundet und gefangen genommen, an die Engländer verkauft, verurteilt und am 29. Mai 1431 als Hexe und Ketzerin verbrannt.

Es ist nicht klar, ob Christine das Ende der Kämpferin noch erlebt. Ihr Gedicht über Jeanne ist das letzte Lebenszeichen der Autorin, über ihr weiteres Schicksal ist kaum etwas bekannt.

Doch noch ehe das Jahrhundert endet, gehören ihre Bücher zu den ersten, die in Frankreich nicht mehr handgeschrieben, sondern – nach der gerade erst erfundenen Vervielfältigungstechnik – gedruckt erscheinen.

Zahlreiche ihrer Schriften verbreiten sich in Europa, werden übersetzt ins Deutsche, Englische, Portugiesische.

Aber es wird lange dauern, bis man in Christine de Pizan nicht nur eine begabte Schriftstellerin und bestaunte Ausnahme erkennt, sondern eine Frau, die ihrem Jahrhundert enteilt war und sich nicht damit abfinden wollte, nur im Blick der Männer zu existieren: mal ritterlich verehrt, mal als schwach und minderwertig verdammt und verurteilt.

Die Autorin jedenfalls hat sich diesen Nachruhm – darin kaum weniger kühn als in ihren Visionen – schon früh selbst prophezeit. In einem ihrer Texte heißt es: „Künftig wird mehr von dir die Rede sein als zu deinen Lebzeiten." ◊

LITERATURTIPPS

MARGARETE ZIMMERMANN
»Christine de Pizan«
Kompakte, anschauliche Biografie der Dichterin (Rowohlt).

CHRISTINE DE PIZAN
»Das Buch von der Stadt der Frauen«
Das utopische Werk aus dem Jahr 1405 in deutscher Übersetzung (dtv).

IN KÜRZE

Frauen werden im Mittelalter von der Kirche verteufelt – und an den Ritterhöfen in Dichtungen verherrlicht. De facto sind sie Menschen zweiter Klasse, die sich dem Willen von Männern fügen müssen. Dagegen kämpft in Paris die Autorin Christine de Pizan, die in ihrem »Buch von der Stadt der Frauen« eine Utopie der Gleichberechtigung entwirft. Ihre Ideen nehmen vorweg, was Frauenbewegungen erst Jahrhunderte später Wirklichkeit werden lassen.

DER AUF-STEIGER

Das Rittertum gewährt einigen Männern beeindruckende Karrieren. Markward von Annweiler kommt als unfreier Untertan auf die Welt – und bringt es dank seiner Diplomatie, Kampfkunst und Loyalität zum einflussreichen Adeligen

TEXT: *Tobias Scharnagl*

Das Mittelalter gibt Menschen nicht viele Möglichkeiten aufzusteigen, dem eigenen Milieu zu entkommen. Doch die Ritter sind eine Ausnahme. Und keiner nutzt diese Chance so eindrucksvoll wie Markward von Annweiler. Er beginnt als Höriger – und endet als Regent eines Königreichs.

Zum ersten Mal taucht Markward um 1180 in den Chroniken auf. Er gehört zu den Ministerialen des Kaisers Friedrich Barbarossa: unfreien Hofbeamten, die es so nur in deutschen Landen gibt. Oft sind es Söhne wohlhabender Bauern; ihre Herren setzen sie zu Hof- und Verwaltungsarbeiten ein, vor allem aber, wenn sie ritterlich geschult sind, im Waffendienst.

Ohne seine Ministerialen kann kein Fürst in die Schlacht ziehen. Sie sind so etwas wie leibeigene Ritter, und ihre Zahl übersteigt bald die der freien adeligen ritterlichen Grundherren.

Von den Bauern heben sich die Ministerialen durch besondere Rechte ab: Sie unterliegen einer eigenen Gerichtsbarkeit, dürfen Waffen tragen und wilde Tiere jagen. Dennoch sind sie nicht frei, können verschenkt oder verkauft werden; ihr Herr muss zustimmen, wenn sie heiraten wollen.

Einige von ihnen bewohnen kleine, ihnen zugewiesene Burgen, andere kommen auf den Anwesen ihrer Herren unter. Sie schulden ihrem Brotgeber unbedingten Gehorsam; wer dem nicht folgt, wird mit dem Tod bestraft.

Doch es gibt eine Möglichkeit, aufzusteigen: durch Leistung. Und Markward ergreift die Chance.

Seine Fähigkeiten müssen herausragend sein, denn Kaiser Barbarossa ernennt ihn irgendwann zum Erzieher seines Sohnes Heinrich. Markward erarbeitet sich das Vertrauen des jungen Thronfolgers. Nach dessen Schwertleite steigt der Dienstritter sogar zum Truchsess auf, zum Vorsteher des kaiserlichen Hofes: Er beaufsichtigt die Verwaltung und das Personal von Hof und Gütern.

Bei Festmählern platziert er die Fürsten und Adeligen ihrem Rang entsprechend an der Tafel. Eine heikle Aufgabe, die ein Gespür für die mächtigen, oft eitlen Männer erfordert – und diplomatisches Geschick.

Als Barbarossa stirbt, folgt ihm sein Sohn als Heinrich VI. auf dem Thron nach. Und bald schon rüstet der junge Monarch zu einem Italienfeldzug, um das Königreich Sizilien unter seine Herrschaft zu zwingen. Heinrich schickt seinen Vertrauten Markward voraus; der verhandelt mit Pisa und Genua, schafft es, die Flotten der sonst miteinander rivalisierenden Mächte auf seiner Seite zu vereinigen, wird gar Befehlshaber der gemeinsamen Armada, die er von Sieg zu Sieg führt.

Am 20. November 1194 zieht Heinrich VI. in Palermo ein. Der Monarch weiß, wem er den Sieg zu verdanken hat. Er entlohnt Markward aus dem sizilianischen Königsschatz, entlässt ihn in die Freiheit und überträgt ihm das Herzogtum Ravenna mit der Romagna sowie die Mark Ancona, dazu bald weitere Grafschaften.

Markward beherrscht nun einen großen Teil der Adriaküste.

Doch 1197 stirbt Heinrich VI. Sein letzter Wille lautet, Markward möge fortführen, was er selbst nicht mehr vollenden konnte: das römisch-deutsche Kaiserreich dauerhaft mit dem Königreich Sizilien zu vereinen. Um das zu erreichen, wird Markward nun als Regent Siziliens eingesetzt.

Das bringt ihm noch mehr Ehre – und die Feindschaft eines mächtigen Mannes: des Papstes.

Innozenz III. will das Königreich Sizilien um jeden Preis den deutschen Kaisern entreißen, damit sie seinen Kirchenstaat nicht vollends umzingeln. Er erkennt in dem Emporkömmling seinen gefährlichsten Gegner, exkommuniziert ihn und überzieht ihn mit Schmähungen: Der Deutsche, den der Kaiser „eben erst aus dem Staub erhoben und aus der Gosse emporgezogen" habe, sei der „Feind Gottes und der Kirche" und strebe in Wahrheit selbst nach der Krone Siziliens.

Aber Markward kennt seinen Platz. Er kämpft weiter, nun für den Bruder des toten Kaisers. Und gegen den Pontifex. Im Herbst 1202 kapituliert die letzte Bastion des Papstes auf Sizilien vor seinen Truppen. Doch bevor er die Stadt in Besitz nehmen kann, stirbt Markward Mitte September völlig unerwartet an der Ruhr. Jener Mann, der eine einzigartige Ritterkarriere gemacht hat. ◊

EIN RITTER muss seinem Herrn treu dienen: Markward von Annweiler folgt Kaiser Barbarossa auf einen Kreuzzug, erobert für dessen Sohn Sizilien – und lässt sich für das Herrscherhaus sogar vom Papst exkommunizieren

HERR *des*

Welch nahezu unantastbare Macht Ritter über ihre Untertanen haben, zeigt der Fall des Franzosen Gilles de Rais. Um 1432 beginnt der Adelige, der einst an der Seite von Jeanne d'Arc gekämpft hat, Kinder aus sadistischer Lust zu foltern. Über die Jahre quält er weit mehr als 100 Opfer zu Tode. Und keiner der Angehörigen wagt es, sich ihm entgegenzustellen

MINDESTENS ACHT JAHRE dauert die Mordserie des Gilles de Rais. In seinen Burgen im Nordwesten Frankreichs hängt der Ritter entführte Kinder an Haken, ehe er sie sexuell missbraucht und tötet

Der Krieg macht ihn zum HELDEN

TEXT: *Cay Rademacher* ILLUSTRATIONEN: *Tim Möller-Kaya für* GEO*EPOCHE*

Im 15. Jahrhundert ist Frankreich ein Land des Todes: Englische, französische und burgundische Ritter bekämpfen sich in Schlachten, Banditen plündern Landstriche leer, der Schwarze Tod frisst Tausende. Doch der grauenhafteste Ort in diesen grauenhaften Zeiten ist eine bretonische Stadt, die für kein Schlachtfeld, keine Banden, keine Pestepidemie bekannt wird – eine Stadt, in der bloß ein einziger Mörder nach Opfern sucht.

Dieser Mörder aber holt sich seine Opfer Tag um Tag und Jahr um Jahr, und niemand kann ihn aufhalten.

Im bretonischen Machecoul leben vielleicht ein paar Hundert Menschen. Gut zehn Kilometer entfernt brandet im Westen der Atlantik, etwa 40 Kilometer nordostwärts liegt Nantes, der einzig bedeutende Ort dieser Region. Die Häuser von Machecoul liegen im Schatten der Mauern und des wuchtigen Turms einer Burg.

Irgendwann um 1432 – später wird sich niemand mehr genau an das Datum erinnern können – schickt in Machecoul der Kürschner Guillaume Hilairet seinen zwölfjährigen Lehrjungen zu einem Botengang in diese düstere Burg.

Niemand sieht den Jungen danach je wieder.

Einen Tag nachdem die Eltern des Verschwundenen laut über ihren Verlust geklagt haben, lässt Jean Roussin seinen neunjährigen Sohn zum Hüten der Tiere aufs Feld gehen. Ein Nachbar beobachtet, wie das Kind mit einem Diener aus der Burg spricht, einem Mann im schwarzen Umhang, mit Tuch vor dem Gesicht.

Auch Alexandre Chastelier vermisst bald seinen Sohn, und Macé Sorin den seinen. Die Witwe Jeanne Édelin wohnt nahe der Burg und hat einen achtjährigen Filius, „sehr schön, sehr rein, sehr klug", wie sie sagt. Irgendwann ist er fort. Niemand sieht die Jungen je wieder.

So sickert, ganz langsam, ein schrecklicher Verdacht in die Bürger von Machecoul: Dass ihre Kinder für immer in dieser Burg verschwinden.

Was, Gott sei den Jungen gnädig, geschieht bloß hinter diesen Mauern? Und was kann man tun?

In der Festung residiert Gilles de Rais, ein Ritter und Marschall von Frankreich, Waffenbruder der hoch verehrten Jeanne d'Arc, Held des Hundertjährigen Krieges, Befehlshaber einer Privatarmee, Herr über Ländereien und damit auch über all die Menschen, die dort leben.

Nichts also kann man tun – außer zu schweigen und sich zu fürchten vor dem Monster von Machecoul.

So beginnt, mit verschwundenen Jungen und terrorisierten Eltern, eine Mordserie wie wohl keine zweite in der Geschichte. Gilles de Rais tötet Kinder so regelmäßig, wie andere Leute Brot essen – sieben, acht Jahre lang, fast ohne Innehalten. Niemand fällt ihm in den Arm, obwohl Gerüchte durch das Land wehen. Bis sich der Ritter in hochmütiger Brutalität schließlich selbst zu Fall bringt.

Erst dann werden ihm Richter und Inquisitoren den Prozess machen – es wird eines der spektakulärsten Verfahren des Jahrhunderts, mit schluchzenden Zeugen, grauenhaften Enthüllungen, theatralischen Geständnissen und spektakulären Hinrichtungen.

Doch selbst der klügste Inquisitor vermag die entscheidenden Fragen niemals zu klären: Wer ist dieser Gilles de Rais? Und warum tat er, was er tat?

°

ALS OB IN FRANKREICH nicht schon genug Blut geflossen wäre. Denn 1432 lebt niemand mehr, der noch wüsste, was Frieden ist. Seit 1337 verwüstet ein Konflikt das Reich, der einmal der „Hundertjährige Krieg" genannt werden wird und der nichts anderes ist als der verrohte Machtkampf einer adeligen Elite.

Ausgelöst hat ihn Englands König Eduard III., der aufgrund dynastischer Verbindungen Anspruch auf den französischen Thron erhob. Seither plündern englische

EIN KIND arbeitet auf dem Feld, als sich ihm ein Diener aus der Burg von Gilles de Rais nähert. Die Opfer des Ritters sind meist arme Jungen: Die Häscher versprechen ihnen ein besseres Leben – und locken sie so in den Tod

Armeen immer wieder Frankreich. Sie sind zeitweise mit den Heeren des Herzogs von Burgund verbündet und haben den Norden des Landes und sogar Paris besetzt.

Die französischen Könige und ihre Ritter wehren sich gegen die Angreifer, doch Frankreichs Monarchen sind meist schwache Charaktere, die Adeligen wankelmütige, nicht selten unfähige Kämpfer. Keine Seite ist stark genug, um die andere niederzuzwingen.

Und so schleppt sich der Krieg dahin: wenige große Schlachten, viele Scharmützel, dazu plündernde Banden aus desertierten Soldaten und entwurzelten Bauern. Manche Regionen werden in schrecklicher Regelmäßigkeit verheert, in anderen geht das Leben fast ungestört weiter.

Und manchmal wird auch gar nicht gekämpft, denn seit 1348 wütet die Pest, und Seuchenjahre sind so fürchterlich, dass niemand mehr Kraft hat zum Morden.

Es ist ein Mädchen wie aus einem Märchen, das dieses schreckliche Patt aus Tod und Erschöpfung schließlich überwindet: die Bauerntochter Jeanne d'Arc, ein Niemand für die adelsstolzen Kleriker und Ritter.

Die junge Frau predigt wie eine Heilige den Widerstand gegen die Invasoren. Selbst die nüchterne historische Analyse kann ihren Erfolg nicht wirklich erklären. Die noch nicht einmal 17 Jahre alte Jeanne tritt im Januar 1429 vor einen einflussreichen Ritter und erklärt ihm, Erzengel und Heilige sprächen zu ihr und hätten ihr befohlen: befreie Frankreich!

So unbezwingbar redet dieses Mädchen, dass es den hohen Herrn und dann immer mehr Ritter in ihren Bann zieht. Wenige Wochen später erscheint Jeanne bereits vor Frankreichs König Karl VII. Sie sei vom Himmel entsandt, um das Land zu retten! Und das Märchenhafte wird tatsächlich wahr: Jeanne d'Arc überredet den unsicheren Herrscher, ein neues Heer aufzustellen, das sich den Engländern entgegenwerfen soll.

Allein: Sie entfesselt in kriegsmüden Männern zwar neuen Kampfgeist – militärisches Wissen hat sie jedoch nicht. Der König stellt ihr Ritter als Kommandeure zur Seite. Einer von ihnen verfügt zwar über wenig Erfahrung, doch gute Verbindungen zum Hof: Gilles de Rais.

DER MÖRDER ist ein Kriegsheld, vom König persönlich zum »Marschall von Frankreich« ernannt. Doch nun lebt er zurückgezogen in seinen Festungen – und kann ungestört seinen Blutdurst stillen

Der Adelige ist gerade einmal 24 Jahre alt, als ihn der König an die Seite von Jeanne d'Arc beordert. Er ist in einer Burg an der Loire geboren worden und hat die Eltern früh verloren, vielleicht an Krankheiten. Als Elfjähriger kam er in die Obhut seines Großvaters Jean de Craon. Der ist ein zynischer Mann, der aus Gier zu jeder Gewalttat bereit ist – und der den Enkel an seinen Verbrechen beteiligt.

Was erlebt der Junge in der Burg des brutalen Großvaters? Man kann nur spekulieren; Gilles selbst sieht in seiner verwahrlosten Erziehung den Keim seiner eigenen Gewalt. „In der Jugend", wird er später gestehen, sei er „immer von sensibler Natur gewesen" und habe „für seine Lust und nach seinem Willen" an Bösem tun können, was immer er wollte. Einzelheiten wird er nie preisgeben.

Zunächst wächst er zu einem Ritter heran. Ein Cousin, Ratgeber des Königs, empfiehlt ihn bei Hofe – und so wird Gilles 1429 Offizier neben Jeanne d'Arc.

Das Bauernmädchen hat sich die von den Engländern belagerte Stadt Orléans zum Ziel gesetzt, sie will den strategisch wichtigen Ort befreien.

Das Wunder geschieht: Befeuert von Jeanne d'Arc, die in einem Moment sogar selbst eine Sturmleiter an die Mauern einer englischen Bastion stellt und sich auch nicht durch einen Armbrusttreffer in die Schulter von ihrer Attacke abhalten lässt, bezwingen Frankreichs Soldaten die Engländer. Gilles de Rais, zuvor ein ruhmloser Ritter, zeichnet sich in den Gefechten durch schrecklichen Furor aus. Was für ein Triumph!

Der Krieg ist damit zwar nicht beendet – er wird sich noch bis 1453 dahinschleppen. Und Jeanne wird gefangen genommen und von den Engländern hingerichtet. Aber fortan ist der französische König in der Offensive (und wird schließlich sein Reich zurückerobern).

Gilles de Rais ist einer der Helden der Schicksalsschlacht von Orléans. Er hat sich so hervorgetan, dass ihm der überaus dankbare Karl VII. den Ehrentitel eines Marschalls von Frankreich überträgt. Der Ritter könnte jetzt einer der bedeutendsten Männer seiner Generation werden. Doch bald nach Jeannes Tod, wie seltsam, verschwindet er aus dem Zentrum der Macht.

An den siegreichen Feldzügen Frankreichs beteiligt er sich nicht mehr, dafür bestaunt ihn das Volk in immer exzentrischeren Spektakeln. So nimmt er schon bald mehr

Frankreich ist **EIN LAND** *der Gewalt*

als 50 Geistliche und Chorknaben in sein Gefolge auf – oh, Chorknaben, wie liebt er kirchliche Hymnen!

200 bewaffnete Reiter folgen ihm auf Reisen, wenn er Städte wie Orléans oder Poitiers besucht, Trompeter und Herolde kündigen sein Kommen an, Buchmaler, Waffenmeister und Alchemisten umschwirren den Tross. Als der Adelige einige Monate lang in Orléans residiert, mietet er die feinsten Häuser, lädt zu prachtvollen Theateraufführungen – und zahlt dafür mehr als 80 000 Livres, eine unfassbare Verschwendung.

Gilles de Rais gibt mehr Geld aus, als seine Ländereien einbringen. Also lebt er von der Substanz: verkauft eine Burg oder tritt Land ab, um seine Kosten zu decken. So bodenlos ist seine Sucht, dass sein jüngerer Bruder René und ein einflussreicher Cousin – beide um das Erbe besorgt – 1435 einen Befehl des Königs erwirken, der jedem Franzosen weitere Geschäfte mit Gilles verbietet.

Damit ist der einst strahlende Held von Orléans zur *persona non grata* geworden: politisch und militärisch bedeutungslos, ein Verschwender, der sich auf die ihm noch verbliebenen bretonischen Burgen zurückzieht, etwa nach Machecoul. Niemand beachtet ihn noch. Und vielleicht ist es genau das, was Gilles will – denn längst ist er nicht mehr nur ein Prasser, sondern: ein Mörder.

°

SPÄTER WIRD ER SICH DARAN erinnern, dass seine Verbrechen in dem Jahr begannen, „in dem mein Großvater starb". Das Leben des schrecklichen Alten endet am 15. November 1432. Beginnt Gilles de Rais da vorwarnungslos seine schreckliche Serie? Lockt er Kinder in den Tod, als der Großvater das Zeitliche gesegnet hat? Oder bereits in den Wochen davor, da der Alte hilflos in Agonie liegt?

Später, im Verhör, wird Gilles kein früheres Verbrechen gestehen, überhaupt taucht nirgendwo in den Quellen ein konkreter Hinweis auf Untaten vor 1432 auf. So mag tatsächlich der Lehrjunge des Kürschners Guillaume Hilairet das erste Kind sein, das diesem schrecklichen Ritter zum Opfer fällt.

In seinen Taten folgt Gilles einem satanischen Ritual. Und er hat Helfer: seinen Verwandten Gilles de Sillé, die Diener Henriet und Poitou sowie Jungen aus seinem Kirchenchor und Ritter aus dem Gefolge – mehr als ein Dutzend Namen werden im Prozess später genannt.

Auch hier kann man heute nur spekulieren, was sie zu Handlangern werden lässt. Henriet und

TEUFELSBESCHWÖRUNG im Wald: Nachts vollführen die Schergen des Ritters satanische Rituale. Gilles de Rais verprasst seinen Reichtum – und will sich mithilfe dämonischer Kräfte neues Gold verschaffen

Poitou zum Beispiel treten bereits als Halbwüchsige in die Dienste des hohen Herren, ebenso die Chorsänger – vielleicht ist es eine perverse Form schrecklicher Erziehung, sie haben es einfach von Kind auf so gelernt. Gilles de Sillé und manche Ritter sind hingegen womöglich durch den schier ewigen Krieg verroht. Vielleicht zählt für sie ein Menschenleben so wenig, dass sie den Befehlen zur Gewalt gleichmütig folgen.

Diese Helfer jedenfalls locken hübsche Jungen in die Burg. Der Maskenmann etwa, den ein Zeuge beim neunjährigen Sohn des Jean Roussin gesehen hat, ist Gilles de Sillé. Die Komplizen reden arme Jungen an, Bettler, Bauernkinder, versprechen ihnen, dass sie beim hohen Herrn de Rais als Pagen oder Sänger dienen können, stellen Kleidung, Essen, eine Flucht aus dem täglichen Elend in Aussicht. Nur wenn sie keinen Jungen auftreiben können, greifen sie sich wohl auch Mädchen.

Hat sich erst einmal das Burgtor hinter dem ahnungslosen Kind geschlossen, wird es in einen eigens präparierten Raum geführt. Im Verhörprotokoll des Dieners Poitou ist nachzulesen, was anschließend geschah.

Der Zeuge sagt aus, dass Gilles de Rais, ehe er seine Ausschweifungen an besagten Jungen oder Mädchen beging, sie mit eigenen Händen mit einem Seil um den Hals an einen Haken hing, damit sie nicht schrien. Dann ließ er sie wieder hinunter, streichelte sie und versicherte ihnen, dass er ihnen nicht wehtun werde, im Gegenteil, er wolle seinen Spaß haben. Dann rieb Gilles de Rais seinen Penis auf dem Bauch der Jungen und Mädchen, wobei er das natürliche Gefäß der Mädchen ignorierte, mit großer Lust und Leidenschaft, bis er sein Sperma auf deren Bäuchen ejakulierte. Dann tötete er sie manchmal mit eigener Hand, oder es war besagter Sillé oder besagter Henriet oder der Zeuge selbst, Poitou, oder jemand anderer. Befragt nach der Methode, antwortete der Zeuge: Manchmal wurden die Kinder enthauptet, manchmal ihre Kehle durchgeschnitten, manchmal wurden ihre Körper zerteilt, und manchmal wurden sie mit einem Keulenschlag auf den Hals getötet.

Mit wahnhafter Präzision schildert der Zeuge, dass de Rais seine Opfer zuweilen vor dem Mord sexuell missbraucht oder danach, „wenn der Körper noch warm ist" – manchmal in exakt jenem Moment, wenn aus Wunden das Blut spritzt und sie unter ihm sterben.

Gilles und seine Spießgesellen öffnen den Leib, ergötzen sich am Anblick der Organe. Der Ritter küsst den abgetrennten Schädel, lässt seine Helfer den Kopf mit denen der Vortage vergleichen: Welcher ist der schönste?

Am Ende dann zieht der Mörder sich erschöpft zum Schlafen zurück. Die Helfer wischen das Blut auf. Die kleinen Körper werfen sie in Verliese unter einem Burgturm, wie Abfall. Später werden sie die Leichname in einem großen Kamin verbrennen, auch die Kleidung, Stück für Stück, „damit es nicht verräterisch qualmt", wie der grauenhaft getreue Diener vermerkt.

Noch nach sechs Jahrhunderten schimmert in dem (lateinisch verfassten) Protokoll die Fassungslosigkeit der Menschen durch. Immer wieder fragt der Richter den Ritter, warum er das getan hat.

Der Herr Präsident, überrascht, wie er sagt, dass der Angeklagte alle seine Verbrechen aus eigener Initiative und ohne fremde Anstiftung begangen hat, ermahnte den Angeklagten, seine Motive zu nennen, um sein Gewissen zu erleichtern und die Gnade des Erlösers zu erlangen. Daraufhin wurde der Angeklagte zornig, so ermahnt worden zu sein, und antwortete auf Französisch: „Ach Monsieur, Sie foltern sich selbst und mich dazu!" Darauf sagte der Herr Präsident: „Ich quäle mich selbst nicht im Geringsten, aber mich befriedigt die Antwort nicht, ich will die absolute Wahrheit wissen." Worauf besagter Angeklagter antwortete: „Wahrlich, es gab kein anderes Motiv, keinen anderen Anlass, kein anderes Ziel. Ich habe ihnen schon genug gesagt, um zehntausend Männer hinzurichten."

Selbst die LEICHEN schändet er

Genug gesagt? Niemand weiß wirklich, wann und wie er sein grausiges Ritual entwickelt. Ob er nicht doch schon im Krieg an der Seite von Jeanne d'Arc sadistischen Gefallen an der Qual anderer entdeckt hat? Oder gar schon als unbeaufsichtigter Junge auf der Burg des brutalen Großvaters?

Sicher ist, dass Gilles de Rais ab etwa 1432 fast pausenlos mordet: auf den Burgen von Machecoul, Tiffauges und Champtocé sowie auf Reisen in irgendwelchen Häusern, in denen er Quartier nimmt. In Vannes zum Beispiel lockt einer der Chorknaben einen Zehnjährigen zum Ritter, der sein Opfer sexuell missbraucht und es dann ermorden lässt. Der Diener Poitou erinnert sich an gerade diesen Mord, so darf man vermuten, weil er den Leichnam anschließend in einer Latrine verstecken soll – und Poitou in die Abortgrube hinabsteigen muss, um den Körper unter den Unrat zu drücken.

Und nie, nie hat sich jemand gewehrt.

Der Schuster André Barbe aus Machecoul etwa wird erst beim Prozess eine Aussage wagen: Ja, der Sohn von Georges Le Barbier sei beim Apfelpflücken verschwunden und das Kind von Guillaume Jeudon und das Kind von Jean Roussin und das von Alexandre Chastelier, „und er hörte noch Klagen vom Verlust anderer Kinder aus besagtem Ort Machecoul", so das Protokoll.

Nachbarn warnen Barbe und seine Frau, sie sollten „auf ihr eigenes Kind achten, damit es nicht entführt wird, und sie fürchteten sich sehr davor". Und als Barbe einmal in einer Nachbarstadt jemandem erzählt, dass er aus Machecoul kommt, ist der Fremde schockiert „und sagt ihm, dass sie dort Kinder essen".

Und doch: André Barbe fügte hinzu, dass niemand es wagte, darüber zu sprechen, „aus Angst vor denen in der Kapelle von Gilles de Rais – und aus Angst vor seinen anderen Männern. Diejenigen, die sich beschweren würden, riskierten Einkerkerung oder Misshandlung".

So groß ist die Macht des Ritters, dass er nach Belieben Kinder töten kann, ohne Konsequenzen fürchten zu müssen. So kraftvoll seine Aura, dass sie aufkommende Klagen gleichsam abperlen lässt. Kein Bauer oder Handwerker könnte den Burgherrn in die Schranken weisen. Was hinter den Mauern seiner Bastion vor sich geht, bleibt mysteriös. Und vielleicht ist es gerade dieses bloße Ahnen, dieses Nicht-genau-Wissen, was das Grauen noch verstärkt und die düstere Macht des mörderischen Adeligen erst unbezwingbar werden lässt.

Der Mörder begeht einen **FEHLER**

°

AM ENDE LEGT SICH de Rais die Schlinge selbst um den Hals, doch dauert es Jahre, bis sie sich zugezogen hat. Er lebt weiter verschwenderisch. In dem Dorf Machecoul stiftet er eine Kapelle, die den „unschuldigen Kindern" geweiht ist, und jeder der angstgeduckten Bürger mag sich seinen Teil dabei denken.

1437 muss er die Burg Machecoul im Streit um den Familienbesitz an seinen Bruder und den Cousin abtreten. „Zwei oder drei Wochen vor der Übergabe", so Henriet und Poitou in nahezu gleichlautenden Aussagen, müssen die Diener die Skelette „von ungefähr 40 Kindern aus dem Turm nahe der unteren Halle holen und verbrennen".

Dabei geschieht Seltsames: Ein weiterer Mordhelfer lässt zwei adelige Damen heimlich nach Machecoul, damit die feinen Herrschaften durch einen Spalt beim grauenhaften Aufräumen zusehen können.

Ist es perverse Neugier? Sind die Gerüchte von den Bettlern und Bauern endlich bis zu den anderen Rittern getröpfelt, sodass man sich in diesen Kreisen vergewissern oder sich gar an den Mordtaten delektieren will?

Wie auch immer: Der Täter bleibt unbehelligt. Als sein Bruder René und der Cousin die Burg übernehmen, entdecken sie in einem Verlies zwei Kinderskelette, offenbar von Opfern, die die Diener vergessen haben. Sie fragen Henriet und Poitou, was das zu bedeuten habe. Die geben sich ahnungslos – und dann folgt: nichts. Niemand fragt nach oder stellt Ermittlungen an.

Trotzdem, so muss man annehmen, haftet Gilles de Rais spätestens 1437 unter Frankreichs Rittern der Pesthauch des Mörders an: eines Mannes, mit dem man besser nichts zu tun hat. 1438 muss er die Burg Champtocé abtreten – wieder lassen Poitou, Henriet und andere Helfer „so heimlich wie möglich" etwa 40 Kinderskelette verschwinden, sie schaffen sie „in drei großen Kisten" fort und verbrennen sie.

Im Jahr darauf trifft Gilles den charmanten, skrupellosen François Prelati – einen Italiener, der sich als Alchemist und Teufelsbeschwörer ausgibt.

Denn der Ritter, dessen Naivität fast so groß ist wie sein Sadismus, sucht ständig nach Hexern, Dämonenbeschwörern, Wundertätern, die für ihn Gold erschaffen sollen, um seine immer weiter anwachsenden Schulden zu begleichen.

(Und die ihn vielleicht auch, aber das bleibt Spekulation, von jenem Blutdurst heilen sollen, unter dem er selbst doch irgendwie leidet. Jedenfalls fantasiert er gelegentlich von einer Pilgerreise nach Jerusalem, um sich im Heiligen Land von seinen Sünden zu reinigen, aber nie wird es dazu kommen.)

Gilles zieht Scharlatane von weit her an, die ihm mit ihren Gaukeleien noch die letzten Münzen abnehmen. Und der hemmungsloseste von allen ist François Prelati: Anfang 20, gebildet, gewitzt – und völlig gewissenlos. Der Ritter verfällt dem charmanten Fremden, macht ihn möglicherweise auch zu seinem Liebhaber, sieht in ihm den Retter.

Prelati, so wirkt es heute, nimmt den ihm hörigen Adeligen eiskalt aus. Er gaukelt ihm mit nächtlichem Lärm in Burgkammern wüste Kämpfe mit Dämonen vor. Oder er lässt im regendunklen Wald Kreise auf dem Boden markieren und beschwört den Teufel.

Doch der Italiener entdeckt nur allzu rasch, dass um seinen neuen Herrn in der Tat Dämonisches vor sich geht, etwas viel Teuflischeres als alle Tricks, mit denen er den Ritter blendet: Gilles überreicht ihm eines Abends in einem Glas die abgetrennte Hand und das herausgerissene Herz eines Kindes – auf dass er die Organe Satan

ALS DER RITTER eine Burg an Verwandte abtreten muss, lässt er Diener die Knochen Dutzender Kinder beseitigen. Doch die Männer vergessen mehrere Skelette – die bald entdeckt werden

SEINE GRÄUELTATEN sind längst kein Geheimnis mehr, aber angeklagt wird Gilles de Rais erst, als er einen adeligen Priester entführt. Im Herbst 1440 ergeht das Urteil: Der Ritter soll am Galgen sterben

opfere. Was Prelati darüber denkt, weiß niemand; aber er bleibt bei dem Franzosen.

Am Ende bringt weder ein Kindsmord noch eine Teufelsanbetung Gilles de Rais zu Fall, sondern eine für diese Epoche eher gewöhnliche Gewalttat. Am 15. Mai 1440 stürmt er mit 60 Bewaffneten eine Kirche und entführt den Priester – der Streit geht wieder einmal um den Verkauf einer Burg. Der Geistliche ist allerdings von adeligem Geblüt und zudem Bruder des Schatzmeisters von Herzog Johann V. der Bretagne.

Damit hat sich Gilles de Rais mächtige Feinde geschaffen: neben dem Herzog auch den Bischof Jean de Malestroit von Nantes, zu dessen Diözese die geschändete Kirche gehört.

Erst jetzt nutzen die Adeligen das Wissen um die Morde, das sie offenbar schon seit Jahren angesammelt haben. Es scheint, als hätten sie genauso kaltherzig, wie Gilles de Rais seine Opfer tötete, über Jahre dieses Wissen für sich behalten, um es erst dann einzusetzen, wenn der richtige Anlass kommt.

Am 29. Juli 1440 veröffentlicht Bischof Jean de Malestroit einen Brief, in dem er unter anderem den Vorwurf erhebt, dass „Gilles de Rais und gewisse Komplizen die Kehlen von Jungen durchschneiden, dass er mit diesen Kindern die Sünde der Sodomie begeht und dass er schreckliche Dämonen anruft“.

Gilles aber kann nicht anders: Selbst noch nach dem anklagenden Brief des Bischofs lockt er ein Kind zu sich. Der Sohn von Éonnet de Villeblanche, der um den 15. August 1440 herum verschwindet, ist wohl sein letztes Opfer.

Am 15. September 1440 verhaften Soldaten des Herzogs schließlich de Rais, Henriet, Poitou und Prelati (Gilles de Sillé, der schlimmste aller Komplizen, ist vorher schon spurlos verschwunden). Niemand leistet Widerstand.

Der Spuk ist vorüber, endlich.

Bald darauf steht Gilles de Rais in Nantes vor gleich zwei Gerichten: einem kirchlichen unter Bischof Jean de Malestroit und einem Inquisitor sowie einem weltlichen unter Pierre de L'Hôpital, dem obersten Richter der Bretagne. Im großen Saal der örtlichen Burg reihen sich nun tränenreiche Zeugenaussagen an dramatische Geständnisse.

Eltern, Verwandte, Nachbarn berichten von den verschwundenen Kindern. Wie viele es waren? Niemand weiß es, auch nicht der Mörder selbst. An einer Stelle ist vor Gericht von „100, 200 oder noch mehr“ Opfern die Rede, an anderer von 140 Toten.

Der Mörder selbst gibt sich anfangs hochmütig, bricht aber rasch zusammen, als ihm die Exkommunikation und, einige Tage später, auch noch die Folter angedroht werden.

„Demütig, fromm und in Tränen“ bittet er seine Richter nun um Vergebung.

Die Untaten so vieler Jahre werden in nur zwölf Tagen verhandelt. Am 25. Oktober 1440 verurteilt der weltliche Richter den Mörder zum Tode, ebenso wie zuvor seine Diener Henriet und Poitou (François Prelati wird milder bestraft, entkommt nach kurzer Zeit aus dem Kerker, wird aber fünf Jahre später, nach weiteren Skandalen, erneut verurteilt – und hingerichtet).

°

TAGS DARAUF FÜHREN die Schergen Gilles de Rais gegen elf Uhr morgens zum Galgen, was eine Gnade ist: Er soll hängen, erst danach kommt sein Leib in die Flammen eines unter dem Blutgerüst aufgeschichteten Scheiterhaufens – und das auch nur kurz. Man wird seinen Leib, das hat ihm der Richter als Belohnung für seine umfassende Reue versprochen, rechtzeitig bergen, um ihn anschließend in einer Kirche zu bestatten.

Die Körper der Diener werden hingegen zu Asche vergehen – ihnen gewährt man bloß, auf Wunsch des Hauptangeklagten, die zweifelhafte Gnade, ein paar Augenblicke länger zu leben.

Sie sollen mit eigenen Augen sehen können, wie der Ritter stirbt, damit sie in ihrem Tode nicht den Verdacht haben, der privilegierte Adelige werde nach ihrem eigenen Hinscheiden möglicherweise noch im letzten Moment begnadigt.

Der berüchtigte Angeklagte, notiert ein Schreiber des Gerichts, „hielt schöne Reden und betete zu Gott. Und Gilles de Rais starb, seine Sünden bereuend.“

Das ist vielleicht noch eine Untertreibung: Gilles scheidet womöglich sogar freudig dahin. Denn im Gerichtsprotokoll ist auch vermerkt, wie er ein paar Tage zuvor noch einmal den Teufelsanbeter Prelati getroffen hat. De Rais umarmte den Italiener und sagte: „Auf Wiedersehen, mein Freund! Wir werden uns in den Freuden des Paradieses wiedersehen!“

Vermutlich stirbt der hundertfache Kindermörder also in dem festen Glauben, dass er unbeschwert ins Himmelreich auffahren werde. ◊

LITERATURTIPP

GEORGES BATAILLE
»Gilles de Rais. Leben und Prozess eines Kindermörders«
Fünf Jahrzehnte alt, aber unübertroffen. Die mitreißende Studie des französischen Philosophen enthält auch die vollständigen Verhörprotokolle (Merlin).

IN KÜRZE

Der Franzose Gilles de Rais ist ein Held des Hundertjährigen Krieges, Schutzbeauftragter von Jeanne d'Arc – und hundertfacher Kindermörder. Diener und Gefolge helfen dem Ritter als Komplizen, und dank seines hohen gesellschaftlichen Ranges kann er jahrelang ungehindert töten. Denn die niederen Schichten vermögen nichts gegen ihn auszurichten, und der Adel lässt ihn gewähren – bis er schließlich doch noch unter Seinesgleichen in Ungnade fällt.

DER SEERITTER

Im Auftrag des Papstes jagen Hélion de Villeneuve und seine Glaubensbrüder vom Johanniterorden muslimische Seefahrer in der Ägäis. Sie sind die Ritter der Meere – doch Hélion rüstet seine Galeeren auch für einen neuen Kreuzzug

TEXT: *Fabian Klabunde*

Der alte Ritter zieht noch einmal in den Kampf. Im Herbst 1344 schickt Hélion de Villeneuve, Oberhaupt des Johanniterordens, seine ritterlichen Brüder ins Gefecht – gen Osten, um gegen die muslimischen Ungläubigen im Heiligen Land zu kämpfen. Bewaffnet mit Schwert und Schild. Doch die Männer sitzen nicht auf Schlachtrössern, sondern stehen auf den Planken von Galeeren: Die Johanniter sind die Ritter des Meeres.

Die Anfänge ihres Ordens liegen auf dem Festland: Um das Jahr 1100 ist er während des Ersten Kreuzzugs in Jerusalem gegründet worden. Anfangs pflegten die Brüder Bedürftige, übernahmen später auch den Schutz von Pilgern, dienten dann als Besatzungstruppe.

Doch im 13. Jahrhundert vertrieben muslimische Kämpfer die Johanniter. 1291 fiel Akkon, der Hauptsitz des Ordens nahe dem heutigen Haifa.

Die kämpferischen Brüder, deren Existenz so eng mit den Kreuzzügen verwoben war, mussten sich eine neue Aufgabe suchen – und verlegten ihren Kampf gegen die Fremdgläubigen fortan aufs Meer: Auf Bitten des Papstes bauten sie eine Flotte auf, um im östlichen Mittelmeer muslimische Seefahrer zu bekämpfen.

Sie richteten auf Rhodos einen neuen Stammsitz ein, befestigten die Insel mit mehreren Burgen. Die zumeist griechischen Bewohner der Insel mussten Frondienste leisten, Holz für Kriegsgaleeren fällen und sie auch rudern.

Die gut 40 Meter langen, von 120 Ruderern angetriebenen Schiffe waren äußerst wendig und konnten auch gegen den Wind vorankommen. Mehr als 100 Kämpfer hatten Platz auf den Decks; vorn am Bug ragte ein Rammsporn hervor, der sich tief in gegnerische Schiffe bohrte. Zugleich diente er als Enterbrücke, über die die Seeritter auf das Gefährt des Feindes gelangen konnten.

Mit ihrer Armada besiegten die Johanniter in mehreren Seeschlachten muslimische Geschwader – und etablierten sich so als maritime Macht in der Ägäis.

Aber der Unterhalt der Galeeren war kostspielig und brachte kaum Beute. Trotz seiner militärischen Erfolge häufte der Orden immer höhere Schulden an, was zu einem erbitterten Streit unter den Brüdern führte: Manche sprachen sich dafür aus, den Kampf gegen die Muslime von Rhodos aus fortzusetzen, andere plädierten dafür, mit den Einkünften aus ihren europäischen Besitztümern erst einmal die Schulden abzubauen.

Papst Johannes XXII., der die Kämpfer an seiner Seite wissen wollte, duldete diese Zwietracht nicht. Er drängte die Johanniter zur Wahl eines diplomatisch begabten Ordensmeisters: Hélion de Villeneuve. Und tatsächlich gelang es Hélion, die verfeindeten Lager zu vereinen. Er konsolidierte den Haushalt des Ordens, machte sogar Finanzmittel frei, mit denen er auf Rhodos weitere Festungen bauen lassen konnte.

Und: mehr Galeeren.

Denn all das war nur Vorarbeit für sein großes Ziel – einen neuen Kreuzzug. Mit Geschick gelang es dem Ordensmeister, ein Bündnis zu schmieden, für das der Papst und der König von Zypern jeweils vier Schiffe, Venedig und Genua je fünf und die Johanniter sechs Gefährte beisteuerten.

Jetzt, im Herbst 1344, fahren die Galeeren zunächst in Richtung der strategisch wichtigen Stadt Smyrna (des heutigen Izmir) in Kleinasien. Denn dort verstecken sich immer wieder muslimische Piraten, die Handelssegler christlicher Kaufleute überfallen.

Die Stadt wird von einem türkischen Emir beherrscht. Doch der hat seine Truppen gerade in einen anderen Teil seines Reiches geführt. Problemlos können die Christen die Stadt am 28. Oktober 1344 einnehmen.

Auch wenn der weitere Vormarsch ins Heilige Land später aus militärischer Schwäche abgebrochen werden muss, können die Johanniter Smyrna halten. Von dort und von Rhodos aus jagen sie mit ihren Galeeren weiterhin die Schiffe der Muslime.

Erst 1522, knapp zwei Jahrhunderte nach Hélions Tod 1346, gelingt es den Osmanen, die Johanniter von Rhodos zu vertreiben. Und so beginnt ein neues Kapitel in der Geschichte des Ordens. Seine Kämpfer ziehen auf die Insel Malta und nennen sich künftig: Malteser. ◊

IM HEILIGEN LAND ist um 1300 der Kampf gegen die Muslime verloren, also streiten die Johanniter auf dem Meer für ihren Glauben. Ihr Oberhaupt Hélion de Villeneuve lässt die Flotte ausbauen – sein Ziel ist die erneute Eroberung Jerusalems

1400–1500

Rüstungen

IN EISEN GEHÜLLT

Zum Schutz der Ritter fertigen Schmiede immer bessere Panzer. Ab 1400 bedecken zunehmend fast undurchdringliche Harnische aus Eisenplatten den Körper der Kämpfer – und werden zum Kennzeichen des Kriegerstandes. Doch moderne Schusswaffen durchbrechen schließlich auch die härtesten Rüstungen

BILDTEXTE: *Frank Otto*

ENGLISCHER Turnierharnisch. Der Helm ist mit dem Brustpanzer fest verschraubt, damit der Ritter sich nicht das Genick bricht, wenn ihn ein gegnerischer Stoß mit der Lanze trifft

DAMIT EIN TURNIERKAMPF besonders beeindruckt, katapultiert dieser Federmechanismus, der über der Rüstung getragen wird, Blechstücke in die Luft, sobald die Lanze des Gegners einen bestimmten Punkt trifft – das soll nach einem spektakulären Zersplittern des Schildes aussehen

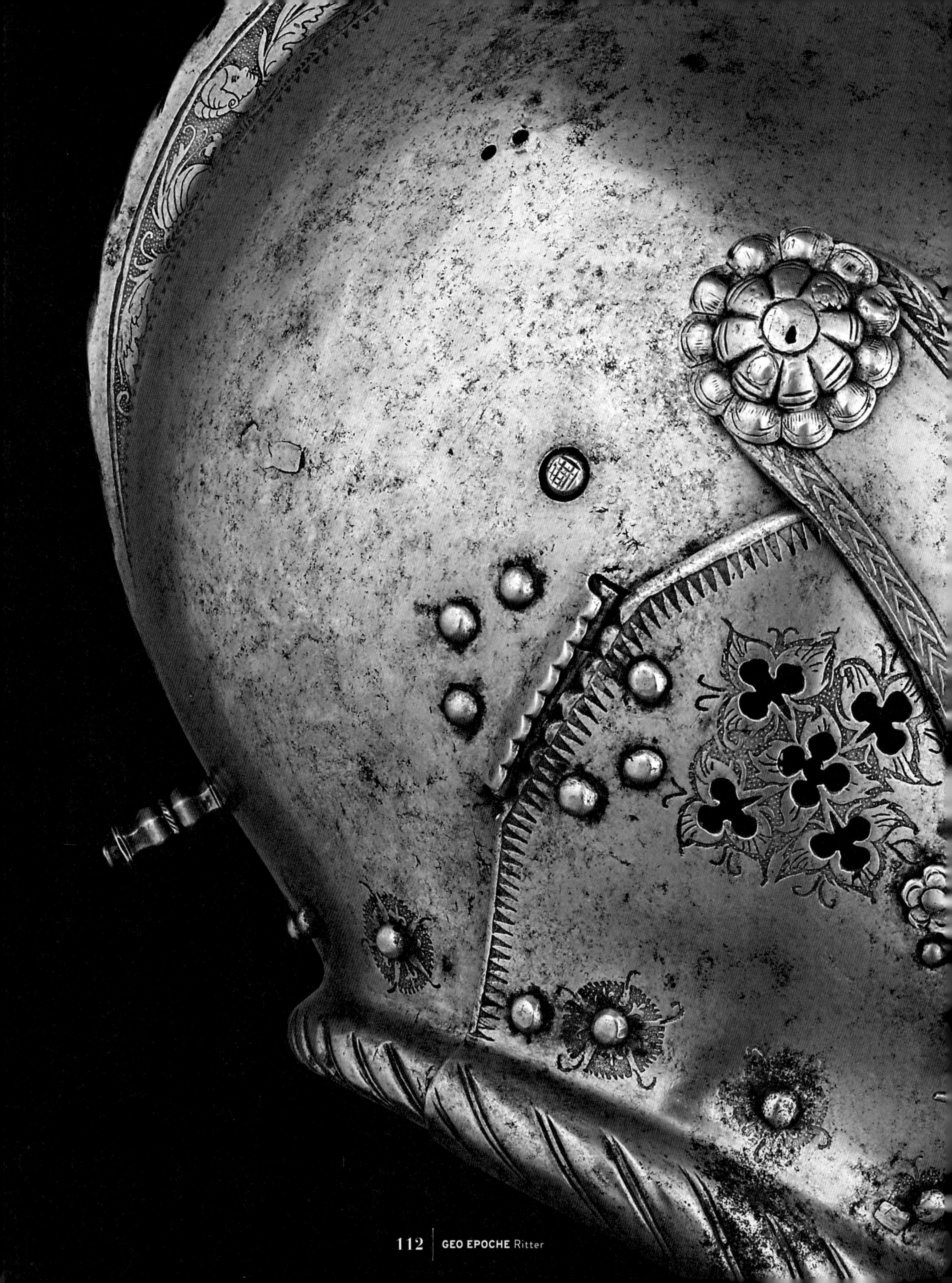

IM 15. JAHRHUNDERT sind solche Helme mit vorgewölbtem Mundstück der Standardkopfschutz vieler Reiterkrieger: Dank des beweglichen Visiers lässt es sich viel leichter atmen als in einem geraden Topfhelm, unter dem zuvor manche Ritter erstickt sind

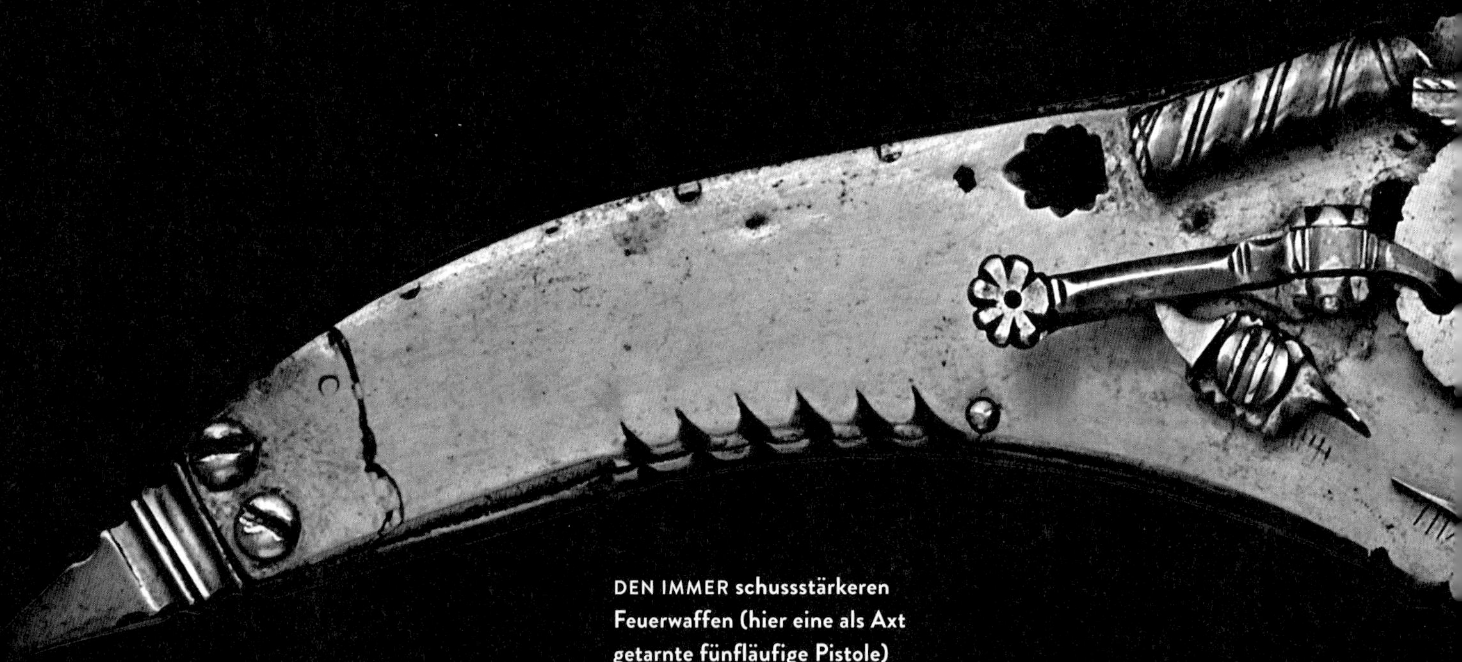

DEN IMMER schussstärkeren Feuerwaffen (hier eine als Axt getarnte fünfläufige Pistole) können selbst die robustesten Körperpanzer nicht widerstehen. Dennoch trägt der Adel vielfach noch bis ins 18. Jahrhundert auf dem Schlachtfeld einen ritterlichen Harnisch – als Symbol militärischer Macht

EIN KÖRPERPANZER wie dieser 1494 gefertigte Riefelharnisch wiegt etwa 25 Kilogramm und wird aus bis zu 170 Einzelteilen maßgefertigt; mehr als 400 Nieten verbinden die Segmente miteinander (Rückenansicht) ◊

Für Geld in die Schlacht

In Italien, wo Fürsten und mächtige Stadtstaaten wie Florenz und Mailand im 15. Jahrhundert ständig um Einfluss und Territorien ringen, verdingen sich viele Ritter als Söldnerführer. Diese *condottieri* folgen keinem Lehnsherrn, sondern vergeben ihre Loyalität gegen Honorar – ein Geschäft, das niemand besser versteht als Federico da Montefeltro

FEDERICO DA MONTEFELTRO heuert im Laufe seiner Karriere bei allen Großmächten Italiens an – und spielt sie gegeneinander aus (Gemälde von Piero della Francesca, um 1472, Ausschnitt)

A

TEXT: *Martin Pfaffenzeller*

An einem Tag im Spätsommer 1479 hallen Donnerschläge durch das toskanische Elsa-Tal. Kanoniere verschießen mit drei schweren Geschützen Steinkugeln auf die Bergfestung Colle. Die Einschläge lassen die Wälle der Bastion erzittern. Splitter fliegen durch die Luft. Es ist der Auftakt eines wochenlangen Bombardements.

Die Befehlsgewalt über die Angreifer hat Federico da Montefeltro, 57 Jahre alt, das rechte Auge eine Narbe.

Der Feldherr, der die Titel eines Ehrenmannes trägt – Herzog von Urbino und Ritter des Hosenbandordens –, ist ein *condottiere*, ein Söldnerführer, der nur gegen Honorar in die Schlacht zieht.

In diesem Sommer kämpft er für den Papst und den König von Neapel. In ihrem Auftrag soll er die Herrscher von Florenz stürzen: die Bankiersfamilie Medici. Und bislang läuft es bestens.

Montefeltros Armee hat die florentinischen Truppen zuvor bereits in vier Gefechten geschlagen. Nun steht sie kaum 50 Kilometer vor Florenz.

Nur eine Burg versperrt noch den Weg in die Stadt der Medici: die Festung Colle, stark besetzt und erst vor wenigen Jahren ausgebaut.

Gut 20 Geschosse feuern Montefeltros Kanoniere jeden Tag auf die Bastion. Nach und nach zertrümmern sie die Wälle der Anlage. Am 12. November, nach sieben Wochen Beschuss, ist die Garnison zermürbt und kapituliert: Die Söldner haben Colle genommen.

Nur noch zweieinhalb Tagesmärsche trennen die Panzerreiter, Pikeniere und Artilleristen von Florenz.

Doch Montefeltro rückt nicht vor. Stoisch missachtet er das Drängen des Papstes, schickt seine Söldner bald darauf sogar in die Winterquartiere.

Denn der Herzog, schon jetzt einer der bedeutendsten Kriegsführer Italiens, verfolgt einen größeren Plan. Ein Vorhaben, das ihn endlich unabhängig machen soll und zugleich märchenhaft reich.

Er will Italiens Großmächte gegeneinander ausspielen.

°

RITTER HABEN ES SCHWER in Italien. Die Großmächte im Land bedrohen ständig die Gebiete von Fürsten und adeligen Reiterkriegern wie Montefeltro. Immer wieder stehen sie im Konflikt miteinander, führen Schlachten und Kriege.

Die jeweiligen Parteien halten zwar auch eigene Heere, kommandiert aber werden die meist von professionellen Armeeführern, die zusätzliche Truppenkontingente mitbringen. Diese Condottieri – viele von ihnen Ritter – dienen nicht einem Lehnsherrn, so wie in anderen Regionen Europas, sondern vermieten ihre Loyalität in Ein- oder Zweijahresverträgen an den Meistbietenden.

Und keiner beherrscht das Geschäft so virtuos wie Federico da Montefeltro.

Der spätere Heerführer wird 1422 geboren und wächst in einem Land auf, in dem fünf Mächte um die Vorherrschaft streiten: Venedig, Mailand, Florenz, Neapel und der Kirchenstaat.

Die drei Städte im Norden gebieten jeweils über beträchtliche Territorien. Die Quelle ihrer Macht ist ihr Reichtum: Venedig schifft Gewürze und Baumwolle aus dem Orient ein, Mailand handelt mit Waffen und Seidenstoffen – und Florenz blüht, weil seine Textilhandwerker feinste Wolltücher fabrizieren und Bankiers Geld nach ganz Europa verleihen.

In Italiens Mitte herrscht der Papst über den Kirchenstaat, und er will seine weltliche Macht erweitern. Im Süden regiert der König von Neapel ein ausgedehntes Territorium von Sizilien über Apulien bis in die Abruzzen, dessen Wirtschaftskraft allerdings nicht mit den Städten des Nordens mithalten kann.

Italiens Grafschaften und Städte sind fast andauernd in Gefahr, von einem der Großen einverleibt zu werden.

Das gilt auch für Montefeltros Heimat. Das von seiner Familie regierte Urbino liegt zwischen Apennin und Adria und wirft zu wenig Wein, Oliven und Pachtzins für ein standesgemäßes, sicheres Leben ab. Der Papst im angrenzenden Kirchenstaat sieht in der Grafschaft einen Teil seiner Machtsphäre, und so müssen die Herren von Urbino ständig um ihre Unabhängigkeit fürchten.

Die Montefeltro können sich nur durch eigene Söldnertruppen schützen – und mit ihnen zudem Geld verdienen. Wie andere Adelige verdingen sie sich seit Generationen als Condottieri.

Der junge Federico ist als unehelicher Enkel und später adoptierter Sohn des Grafen lediglich die Nummer zwei in der Erbfolge: Ihm werden beim Tod des Alten nicht mehr als ein paar Ortschaften zufallen. Und es scheint, als trainiere er deshalb umso akribischer für den Krieg. Schon früh liest er Bücher über römische Feldherren, übt Schwertkampf und Bogenschießen.

Zum Ritter wird er dann aber fast durch Zufall – und bereits mit elf Jahren.

Der römisch-deutsche König Siegmund zieht 1431 nach Italien, um sich in Rom zum Kaiser krönen zu lassen. Auf seinem Rückweg schlägt der Monarch

GIAN GALEAZZO SANVITALE verdingt sich wie Montefeltro als Condottiere – und baut seinen Hof bei Parma zum glanzvollen Zentrum der Kunst aus

Ein Mord befördert die Karriere des Ritters

1433 großmütig mehrere adelige Jungen zu Rittern. Die Knaben knien nieder, schwören Treue und erhalten Reitsporen aus Metall als Symbol, dass sie nun zum Stand der Panzerreiter gehören.

Vermutlich will der Kaiser die jungen Adeligen an sich binden: In den deutschen Landen, wo Rittertum und Lehnswesen die Gesellschaften stärker als in Italien prägen, schaffen solche Schwüre Loyalität. So bekommt Montefeltro ganz ohne offizielle Ausbildungszeit als Knappe seinen ritterlichen Titel (wie viel sein persönlicher Treueid auf den Herrscher wert ist, wird nie auf die Probe gestellt: Siegmund stirbt vier Jahre später).

An militärischem Geschick mangelt es Federico aber ohnehin nicht. Bereits mit 16 Jahren kommandiert er eine Kompanie, die im Dienste des Herzogs von Mailand steht. Seine Truppe setzt sich aus 800 Dreiergruppen zusammen; je ein gepanzerter Reiter, ein leichter bewaffneter Reiter und ein berittener Wasserträger bilden eine *lancia* (Lanze). Montefeltro befehligt also 2400 Mann.

Bei einem seiner ersten Aufträge lässt er 1441 seine Einheiten nachts in die Stadt San Leo schleichen, die Verteidiger überrumpeln und die Burg des Ortes erobern, die zuvor als unbezwingbar galt. Dass die Aktion hinterhältig ist, alles andere als ritterlich, kümmert in Italien kaum jemanden: Der Coup von San Leo verschafft dem nun 19-Jährigen einen nachhaltigen Ruf, steigert seinen Marktwert als Kriegsunternehmer.

Und bald bringt ihn ein Mord noch weiter nach oben. In der Nacht zum 23. Juli 1444 dringen Bewaffnete in den Palast seines Stiefbruders, der mittlerweile das Familienoberhaupt ist, rammen ihm einen Dolch in den Körper und schlagen mit einem Beil seinen Schädel ein. Dann werfen sie die Leiche aus dem Fenster und schleifen sie durch die Stadt.

Federico weilt im 35 Kilometer entfernten Pesaro und erfährt angeblich erst durch einen Boten von dem Verbrechen. Doch erreicht er den Tatort schon am Vormittag nach dem Mord. Das ist verdächtig rasch: Selbst mit einer Pferdestaffel könnte er die Strecke bei Dunkelheit kaum so schnell bewältigen. Viele Zeitgenossen vermuten, dass er das Attentat geplant oder zumindest davon gewusst hat.

Wie auch immer: Nach dem Tod des Rivalen übernimmt Federico die Herrschaft in Urbino, begnadigt die Attentäter. Einen Verschwörer ernennt er gar zum Kanzler und Hofschreiber – er wird eine Biografie seines Herrn verfassen und ihn von jedem Verdacht reinwaschen.

Das Erbe, das Montefeltro antritt, ist schwierig: Neben den Ländereien fallen ihm auch die Schulden seiner Vorgänger zu. Zudem muss er das Territorium durch neue Festungen sichern und 12 000 Dukaten zahlen, damit ihn der Papst als Herrscher anerkennt (die Summe entspricht dem, was er ausgeben müsste, um eine kleinere Stadt zu erwerben).

Er braucht also Geld – und zieht daher in den Krieg. Seine erste große *condotta* als Heerführer schließt er ein paar Monate nach dem Tod seines Bruders ab; der Auftraggeber ist Florenz, das gegen den Papst und den König von Neapel kämpft. Für ein Jahr erhält er 21 000 Dukaten; davon muss er auch seine Soldaten bezahlen.

Der vorherige Condottiere der Stadt, durch Montefeltro von seinem einträglichen Posten verdrängt, denunziert ihn in erbitterten Briefen als Verbrecher. Vergebens.

°

FEDERICO IST EIN kluger Taktiker, dessen Kampfweise kaum etwas mit offen geführten Ritterschlachten gemein hat. Er vermeidet direkte Konfrontationen, denn seine Soldaten sind Kapital, das er ungern Risiken aussetzt. Lieber schneidet er seinen Gegner vom Nachschub ab oder plündert dessen Hinterland, raubt Viehherden und Getreidevorräte, die er einbehält. Zudem nimmt er gegnerische Soldaten und Unbeteiligte aus der Landbevölkerung als Geiseln, für die er Lösegeld einfordert. Ein Zusatzverdienst.

Der Mann aus Urbino unterscheidet sich von Condottieri alter Schule auch dadurch, dass er auf moderne Technik setzt. Er gebietet schon bald über eine Artillerie durchschlagkräftiger Geschütze, die er von Kränen in Position heben lässt und beim Beschuss von Festungen einsetzt. Seine Belagerungsingenieure zählen zu den besten Italiens.

Auf manchen Feldzügen kommandiert er fünfmal so viele Infanteristen wie Reiter. Mit Armbrüsten und den sich allmählich verbreitenden einfachen Gewehren beschießen seine Fußsoldaten ihre Gegner, mit langen Piken versuchen sie zu verhindern, dass berittene Feinde zu den Schützen durchbrechen.

Den ritterlichen Kampf schätzt Montefeltro nur in Ritterturnieren. Bei

STEFANO COLONNA DI PALESTRINA stammt aus einem der mächtigsten Adelsgeschlechter Roms und erwirbt sich Ruhm unter anderem im Kampf gegen Feinde des Papstes

einem Zweikampf zu Pferd verliert er 1451 sein rechtes Auge, als die Lanze des Gegners von seiner Rüstung abrutscht, ihm die Nase zerschmettert und durch das zerbrochene Visier in die Augenhöhle vordringt.

Unterdessen bleiben Zahlungen seines Auftraggebers Florenz aus. Erst als Federico einige Kaufleute gefangen nimmt und ihre Waren beschlagnahmt, zahlt die Stadt ihre Schulden. Dennoch wendet er sich nun ab und heuert etwas später beim König von Neapel an, gegen den er zuvor zu Feld gezogen ist. Insgesamt wird er im Laufe seiner Karriere für und gegen alle fünf italienischen Großmächte kämpfen – und doch seine ehemaligen Auftraggeber nie vollends brüskieren. Beim Abschluss einer neuen Condotta lässt er sich in der Regel garantieren, dass er eine Zeit lang nicht gegen den jeweils letzten Patron kämpfen muss.

So taktiert er sich zu immer besseren Honoraren: 1453 setzt sein Kriegsunternehmen schon 81 600 Dukaten um. Wie viel davon nach den Soldzahlungen und anderen Kosten überbleibt, ist nicht überliefert – vermutlich aber beläuft sich der Betrag auf mehr als die 18 000 Dukaten, die die Medici-Bank, Europas bedeutendstes Geldhaus, in ihren besten Jahren als Gewinn verbuchen kann.

Seinen Reichtum nutzt der Söldnerführer, um sich als Schöngeist zu inszenieren. So heuert er bedeutende Künstler an und lässt sich von ihnen malen (er ist der meistporträtierte Mann seiner Zeit). Zudem beauftragt er Luciano Laurana, einen der gefragtesten Architekten jener Jahre, einen modernen Palast in Urbino zu entwerfen. Für die Bibliothek des fertigen Baus sammelt Montefeltro prächtige Bücher, ersteht mehr als 1000 aufwendig illustrierte Werke im Wert von insgesamt rund 40 000 Dukaten.

Vielleicht will der Söldnerführer mit dem Mäzenatentum den Makel seiner unehelichen Geburt überstrahlen. Und offenbar zahlt sich der Aufwand aus: 1474 erhält er gleich zwei Auszeichnungen, die ihn in die Spitze des europäischen Rittertums hieven.

Montefeltro verdient mehr als die Medici

Zum einen nimmt ihn der englische König Eduard IV. in den Hosenbandorden auf. Dieser exklusive Ritterzirkel, 1348 gegründet, um englische Adelige an die Krone zu binden, hat sich mittlerweile zu einem gesamteuropäischen Kreis der Hocharistokratie entwickelt. Vermutlich erhofft Eduard sich, dass der Condottiere ihm Einfluss in Italien verschafft. Montefeltro hat nur über Gesandte und Briefe Kontakt zum Hof in London, die meisten seiner Ordensbrüder wird er nie persönlich treffen. Doch zumindest symbolisch ist er in der absoluten Elite angekommen: Der Orden hat nur 26 Mitglieder, darunter mehrere Könige.

Kurz darauf befördert ihn Papst Sixtus IV. vom Grafen zum Herzog, dem höchstmöglichen weltlichen Titel unterhalb der Königskrone. Dass es dazu fast genau 30 Jahre nach dem Attentat auf seinen Stiefbruder kommt, ist wohl kein Zufall: Nach dieser Frist verjähren im römischen Recht alle Straftaten.

Bei der Zeremonie küsst Montefeltro die Füße des Heiligen Vaters und schwört ihm einen Treueid. Doch an der schwachen Position von Urbino ändern die neuen Titel wenig.

Wer garantiert Federico, dass sein Herzogtum bestehen bleibt, wenn dieser oder ein zukünftiger Papst ihm die Gunst entzieht? Und wie kann er dafür sorgen, dass im Falle seines Todes sein zweijähriger Sohn Guidobaldo als Nachfolger akzeptiert wird? Es geht Montefeltro nicht nur um noch mehr Geld, sondern um den dauerhaften sozialen Aufstieg.

IN DIESER LAGE wird er in einen Krieg verwickelt, der seine eigenen Interessen bedroht. Papst Sixtus IV. drängt nach Oberitalien, erobert kleinere Städte wie Citta di Castello und Montone und erwirbt Imola, denn er will einen Staat für seinen ehrgeizigen Neffen schaffen.

Und schon bald richtet der Kirchenfürst seinen Blick auf eine besonders fette Beute: die Toskana und deren Hauptstadt Florenz – das Reich der Medici.

Montefeltro ist durch einen Vertrag mit dem Kirchenstaat an die Abenteuer des Papstes gebunden und muss dessen Kontingent sowie das des mit dem Heiligen Vater verbündeten Neapel führen (das süditalienische Königreich hilft dem Papst, weil es sich Einfluss in der Toskana erhofft und zudem mit Siena verbunden ist, dem Erzfeind von Florenz).

1479 führt Federico einen Feldzug an, der für ihn nur in einer Niederlage enden kann: Scheitert er, werden die Medici wohl seine Armee zerschlagen, und Urbino ist seinen Nachbarn fortan schutzlos ausgeliefert. Besiegt er Florenz, wird der Kirchenstaat so mächtig, dass der Papst wohl weitere Gebiete in Mittel-

MACHTGIER UND HABSUCHT prägen das Geschäft der Condottieri. Um 1500 erobert Cesare Borgia, den dieses Bild vermutlich zeigt, ein Reich im Herzen Italiens

FELDHERR UND FEINGEIST

Federico da Montefeltro ist nicht nur ein begabter Kriegsunternehmer, sondern ein Kunstliebhaber, der sich von bedeutenden Malern als Schöngeist in Szene setzen lässt

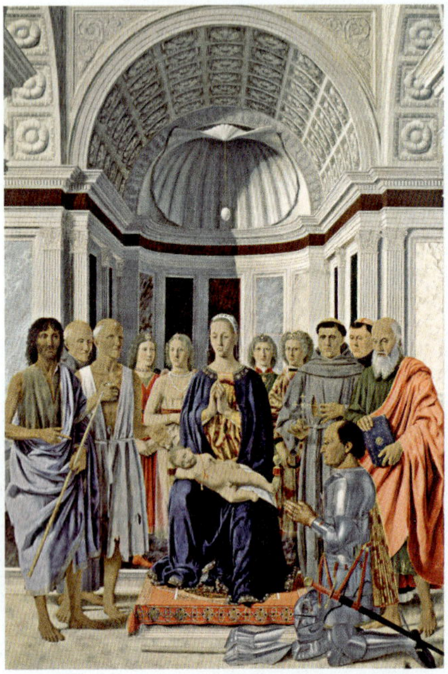

PIERO DELLA FRANCESCA malt um 1472 ein Altarbild, das den Ritter aus Urbino in andächtiger Haltung zeigt

UMGEBEN von den Insignien seiner Macht, studiert der Söldnerführer in Anwesenheit seines Sohnes ein Buch (wohl Pedro Berruguete, um 1475)

SEINE RESIDENZSTADT URBINO lässt Montefeltro prächtig ausbauen – in der Formensprache der Renaissance, die das von ihm in Auftrag gegebene Gemälde »Die ideale Stadt« in Vollendung zeigt (unbekannter Künstler, um 1480)

italien besetzen wird – und eines Tages vielleicht auch Montefeltros Herzogtum.

In dieser Situation wagt jener eine diplomatische Volte: Diesmal wird er nicht nur einfach die Loyalitäten wechseln – sondern seinen Auftraggeber in einem laufenden Vertrag hintergehen.

Zunächst geht er so vor, wie vom Papst geheißen: Er überrennt mit seiner Armee ein florentinisches Lager bei Poggio Imperiale. Anschließend bringt er drei Bastionen um Florenz in seine Hand: Poggibonsi, Certaldo und Monte Savino.

Und im November 1479 fällt das letzte Hindernis vor Florenz: Colle.

Dann aber bricht er seine Mission ab und bezieht sein Winterlager. Der Papst ist irritiert, schickt ihm einen Ehrenhut mit Perlen sowie ein Schwert, um seinen Kriegseifer wiederzuerwecken. Doch Montefeltro hält ihn hin.

Heimlich sendet er Kuriere nach Florenz und Neapel, um zwischen den zwei Parteien zu vermitteln, denn er hat erkannt, dass deren Interessen sich politisch ergänzen: Der König von Neapel braucht Florenz als Gegengewicht zum expandierenden Kirchenstaat – und die Medici wollen, dass ihre Stadt eigenständig bleibt.

Und tatsächlich einigen sich Florenz und der neapolitanische Herrscher nach einem Winter der Geheimdiplomatie auf ein Bündnis. Montefeltro hat das scheinbar Unmögliche geschafft: Der Expansionszug des Kirchenstaates ist erst einmal gebremst – ohne dass der Condottiere sein Heer opfern musste.

Er selbst aber gerät nun zwischen die Fronten: Seine Auftraggeber, der Papst und das Königreich Neapel, stehen gegeneinander, aber Montefeltros Vertrag läuft noch zwei Jahre. Und beide Parteien bezahlen ihn weiter – wohl um zu verhindern, dass er sich auf die jeweils andere Seite schlägt.

Klug kämpft der Herzog in dieser Zeit nur mehr pro forma, an Nebenkriegsschauplätzen und gegen Gegner, die nicht in den italienischen Machtkampf der Fünf verwickelt sind, etwa eine rebellische Stadt. Das Patt zwischen Kirchenstaat und Neapel ist für ihn ideal, jedes Jahr fließt weiterhin das vereinbarte Honorar von 91 666 Dukaten.

Erst 1482 bricht er endgültig mit dem Papst und unterschreibt eine Condotta für Neapel, Mailand und Florenz. Die neue Liga zahlt ihm in Kriegszeiten sogar 119 166 Dukaten.

Viel wichtiger für ihn aber ist eine Garantie für den Fall seines Todes: Das Herzogtum soll bestehen bleiben und sein mittlerweile zehnjähriger Sohn jedes Jahr 15 000 Dukaten bekommen, bis er erwachsen ist. Die Dynastie und deren Unabhängigkeit scheinen gesichert.

Federico da Montefeltro ist jetzt 60 Jahre alt. Doch trotz seines Alters und inzwischen gewaltigen Reichtums führt er seine Truppen noch immer persönlich in den Krieg. Und so kommt er schließlich auch auf einem Feldzug um.

Die tödliche Wunde fügt ihm ein Gegner zu, vor dem sich auch der begabteste Krieger kaum schützen kann: eine kleine Mücke. Sie infiziert ihn im Sumpfgebiet der Po-Ebene mit Malaria. Federico leidet monatelang an hohem Fieber, ehe er am 10. September 1482 stirbt.

IN KÜRZE

In Italien haben Ritter einen schweren Stand: Starke Stadtstaaten und Fürstentümer bedrohen ihre Existenz. Viele Reiterkrieger gelangen jedoch als professionelle Armeeführer, die für wechselnde Auftraggeber kämpfen, zu Reichtum und Ansehen. Viele Jahre halten diese Condottieri die militärische Macht in den Händen – bis Italien im 16. Jahrhundert zum Spielball europäischer Großmächte wird. Denn die Monarchen aus dem Norden vertrauen ihre modernen Heere kaum noch ritterlichen Söldnerführern an.

Sein Sohn Guidobaldo übernimmt die Herrschaft in Urbino – und hält selbst dann die Stellung, als ab 1494 die Großmächte Frankreich und Spanien mit ihren Heeren nach Italien kommen und die Ordnung auf der Halbinsel durcheinanderwirbeln.

Doch als Guidobaldo 1508 stirbt, ohne einen Nachkommen gezeugt zu haben, geht die Herrschaft in dem Herzogtum auf eine andere Familie über. Es ist das Ende der Montefeltro von Urbino.

°

AUCH DIE ZEIT der Condottieri endet allmählich. Europas große Mächte stellen zunehmend Heere mit kampfstarken Fußtruppen und modernen Artillerie-Einheiten auf. Bald hat kaum noch jemand Interesse an einheimischen Soldrittern, die bei jedem Einsatz darauf achten müssen, es sich nicht mit möglichen zukünftigen Auftraggebern zu verderben.

So wird das Ende des Federico da Montefeltro in der Rückschau nicht nur zum letzten Glanzpunkt einer Dynastie, sondern eines ganzen Berufsstandes.

Und glanzvoll war dieses Ende: Nach seinem Malaria-Tod im Feld überführten Träger seine Leiche feierlich nach Urbino, wo sich neben den Einwohnern des Herzogtums auch die Botschafter aller italienischen Mächte zur Beerdigung einfanden und ihm die letzte Ehre erwiesen – selbst ein Gesandter des Papstes.

Das Begräbnis wurde noch einmal zur großen Schau von Montefeltros erkämpftem Status: Anders als andere Fürsten, anders sogar als viele Könige und Kaiser, hatte er dafür gesorgt, dass er nicht in einem schlichten Mönchsgewand zur letzten Ruhe gebettet wurde, sondern für alle sichtbar als Herrscher – und als Ritter: Er trug seine rote Adelskappe, feine rote Gewänder.

Und an der Seite sein Schwert. ◊

DER ROMANCIER

Er ist nicht für seinen Kampfesmut berühmt – und doch prägt Chrétien de Troyes das Rittertum wie kaum ein anderer: Mit seinen Romanen über König Artus und die Tafelrunde schafft er ein Ideal der Ritterlichkeit, das die Zeit überdauert

TEXT: *Raphael Dillhof*

Der junge Autor ist ein Angeber: All jene, die vor ihm die Legende von der Liebe zwischen dem Ritter Erec und seiner Angebeteten Enide vor Königen und Grafen vorgetragen hätten, seien dieser wunderbaren Geschichte nicht gerecht geworden. Er aber habe die Fragmente der Sage zusammengefügt und schön gestaltet. „Niemals soll man diese vergessen, solange die Christenheit besteht!" Das schreibt der Franzose Chrétien de Troyes um 1170 in das Vorwort seines ersten Romans „Erec et Enide".

Die Geschichte von der Liebe zwischen dem Ritter und der verarmten Adeligen Enide am Hofe von König Artus mag dem Publikum tatsächlich bekannt vorkommen: Legenden über den sagenhaften englischen Monarchen und seine Tafelrunde kursieren in Europa, werden von fahrenden Erzählern von Ort zu Ort getragen.

Dennoch erfüllt Chrétien de Troyes seine großspurige Ansage – und verblüfft sein Publikum: In seinem gut 7000 Verse umfassenden Werk reichert er die überlieferte Sage mit erfundenen Szenen an, glänzt mit gewitzten Dialogen, spannendem Aufbau und psychologisch glaubhaften Figuren.

Und schafft damit das erste Meisterwerk eines neuen Genres: des Ritterromans.

Der Franzose, um 1140 in der Champagne geboren, ist wohl anfangs ein Mann Gottes; vermutlich wird er zum Kleriker ausgebildet, studiert aber auch antike und zeitgenössische Literatur. Wo er seinen ersten Roman verfasst hat, ist unbekannt. Aber es ist vielleicht dieses Werk, durch das man in seiner Heimat, am Hof des Grafen in Troyes, auf sein literarisches Talent aufmerksam wird. Die kunstsinnige Frau des Adeligen fördert ihn, und so verbringt er dort die nächsten Jahre.

Ihr zu Ehren verfasst er sein nächstes Werk über den Berühmtesten aus der Tafelrunde von Artus: Lancelot.

Chrétien findet sein Publikum vor allem bei Hofe, unter den Rittern und deren Ehefrauen. Hier werden seine Geschichten aus den überaus kostbaren, von Schreibkundigen per Hand kopierten Büchern in kleinem Kreis vorgetragen.

Für die Leser und Zuhörer sind sie Zeitvertreib – aber auch mehr: Die Protagonisten dienen vor allem den Männern am Hof als Vorbilder. Denn Chrétiens Geschichten zeigen ihnen auf, wie sie den allseits geforderten ritterlichen Tugenden, etwa Pflichterfüllung und Ehre, am besten entsprechen können.

Der Romanheld Erec muss beispielsweise erst ein lebensgefährliches Turnier gewinnen, ehe er Enide zur Frau nehmen kann. Über die Ehefreuden vergisst er dann jedoch seine ritterlichen Aufgaben.

Erst nach einem Abenteuer, durch das er auch innerlich reift, kann er endlich selbst zum rechtmäßigen König in der Bretagne gekrönt werden.

So ähnlich zeichnet Chrétien auch die anderen Helden seiner insgesamt fünf Artus-Romane: Sie sind zwar fehlbar, wachsen aber an ihren Aufgaben und erreichen geläutert ihr Ziel. Und als sich die Texte nach und nach in Europa verbreiten, beginnen diese Schilderungen einer idealisierten Hofkultur sogar die zeitgenössischen Vorstellungen von Etikette, vom guten Verhalten, mitzuformen.

In seinem letzten großen, unvollendet gebliebenen Roman „Perceval" verbindet Chrétien den Artus-Mythos mit einer weiteren berühmten Sage, der Legende um den Heiligen Gral: Die Suche nach dem Gefäß, das Wunder bewirken soll, wird zum größten aller Abenteuer, bei denen sich ein Ritter beweisen kann.

Chrétien de Troyes stirbt um 1190. Doch seine Geschichten wirken fort – auch über die Sprachgrenzen: So hat der deutsche Romancier Hartmann von Aue bereits um 1180 den „Erec" in seine Heimatsprache übertragen, kurz danach nimmt sich Wolfram von Eschenbach den „Perceval" vor, macht ihn zum „Parzival".

Und die Erzählungen bleiben unvergessen: Denn auch nach dem Mittelalter treiben Chrétiens Geschichten über die Ritter der Artus-Runde die Menschen um, bis in die Neuzeit.

So hat der Franzose nicht nur einst den Ritterroman zur Virtuosität geführt, sondern prägt noch heute die Imagination vieler Leser. ◊

IN SEINEN VERSROMANEN beschreibt Chrétien de Troyes, wie ein Ritter sein muss: tugendhaft, tapfer, demütig. Und die echten Reiterkrieger Europas nehmen sich das Handeln seiner literarischen Figuren zum Vorbild

KAMPFESLUSTIG, gelehrt, fromm und kultiviert: Philipp der Gute (oben links, in schwarzem Gewand) gebietet ab 1419 über das Herzogtum Burgund im Osten Frankreichs und verkörpert Chronisten zufolge den idealen Ritter (zetigenössische Darstellung)

Welche Stunden des Rausches, prunkvoll, maßlos! Aus einem Brunnen in Frauengestalt strömt gewürzter Wein, feines Orangenwasser rinnt aus den Türmen eines kunstvoll modellierten Schlosses samt Umgebung mit Gräben, Hügeln und Windmühle. Nicht weit davon ragt auf einer Tafel eine meterhohe Pastete empor – so gewaltig, dass in einer Aussparung im Inneren der Speise 28 Musiker Platz finden. Auf ihren Instrumenten spielen sie Kompositionen, die eigens für dieses Fest in Auftrag gegeben worden sind.

Philipp der Gute, Herzog von Burgund, hat an diesem 17. Februar 1454 im großen Saal seiner Residenz in Lille zum Bankett geladen. In seiner bacchantischen Üppigkeit ist dieses Festmahl aber mehr als ein bloßes Essen: Es ist eine Feier seiner Herrschaft, seiner Herrlichkeit – und seines Rittertums. Mit der Organisation der Gala hat der Herrscher seine besten Männer betraut.

AB 1419 herrscht Philipp (hier bei der Entgegennahme eines kostbaren Buches) über Burgund – und versucht, aus dem Herzogtum ein Großreich zu schmieden

Philipp thront an diesem Abend an einer von drei Tafeln, beschirmt von einem Baldachin aus golddurchwirktem Tuch. Um ihn sitzen, nach strenger Ordnung, die Edlen und Wichtigen des burgundischen Reiches. Viele von ihnen sind Ritter, gehüllt in grauen und schwarzen Damast, darunter die gut 30 Mitglieder des Ordens vom Goldenen Vlies, den Philipp vor einigen Jahren gegründet hat.

Zu erkennen sind diese hohen Adeligen am Ordenszeichen, einer Kette mit goldenem Anhänger in Form eines Widderfells. Es soll ein Vlies darstellen, das die Griechen der Sage nach einst erbeuteten.

Diener tragen das Mahl auf: mehrere Gänge mit jeweils 48 Speisen, darunter Fisch in Aspik, Dutzende Fleischgerichte, Wild – und viel Geflügel. Denn Tiere, die sich in die Luft erheben, gelten als sehr edel. Daher gibt es gebratene Tauben, Rebhühner, Rohrdommeln, Reiher. Zudem Fasan, bestäubt mit Goldpuder.

Auch die Saucen schimmern golden, sie sind mit Safran gefärbt, von dem ein Pfund so viel kostet wie ein ganzes Pferd. Zum Dessert lässt Philipp Kuchen und eingemachtes Obst kredenzen – vor allem Pflaumen und Kirschen, denn die wachsen so hoch, wie die Vögel fliegen, weit entfernt von den Früchten des Bodens, die dem Volk genügen müssen.

Zwischendurch werden die Anwesenden immer wieder durch spektakuläre Einlagen unterhalten. Ein singender Knabe reitet auf dem Rücken eines weißen Hirsches mit vergoldeten Hörnern durch den Raum. Die Figur eines feuerspeienden Drachens gleitet (vermutlich an einer eigens angebrachten Seilkonstruktion) über die Köpfe der Gäste hinweg. Darsteller führen Szenen aus den Sagen um Jason auf – jenen antiken Helden, der sich einst auf die abenteuerliche Suche nach dem Goldenen Vlies gemacht hat: In Begleitung seiner Getreuen, allein dem guten Ziel verpflichtet, brach er ins sagenhafte Schwarzmeerland Kolchis auf.

Die Ritter versuchen solchen Vorbildern nachzueifern; brüderlich, tapfer, von absoluter Moral.

Und wie kaum ein Zweiter hat sich Philipp der Gute diesen Idealen verschrieben. Leben und Streben nach dem Geist des Ritters: Das ist sein Leitbild, der Kern seiner Herrschaft. Am burgundischen Hof, der im späten Mittelalter als Europas prächtigster gilt, folgen die Edlen den traditionellen Umgangsformen der Gepanzerten daher mit besonderer Hingabe.

Sie pflegen ritterliche Tugenden wie Disziplin und Tapferkeit, Gemeinschaft und Gelehrtheit, organisieren wie ihre großen Vorbilder früherer Jahrhunderte regelmäßige Turnierkämpfe. Und setzen auf *largesse*, Großzügigkeit: Nirgendwo auf dem Kontinent sind die Bankette ausladender, die Inszenierungen üppiger, die Geschenke wertvoller als in Burgund.

°

DOCH DIESE NACHT in Lille dient einem noch höheren Ziel als der festlichen Freigebigkeit: Plötzlich sind Laute des Erstaunens zu hören, als ein Hüne, als Türke verkleidet, einen Elefanten hereinführt. Auf dessen Rücken steht in Frauenkleidern Philipps Hofmeister als personifizierte Heilige Kirche.

Mit einstudierten Worten fleht er eindringlich den Herzog an, der Kirche zu Hilfe zu eilen. Sogleich verstummen alle im Saal.

OB BEI FESTEN, etwa Hochzeiten (links), oder im Alltag: Das Leben am burgundischen Hof ist eine exakt choreografierte Inszenierung – die anderen Reichen zum Vorbild wird

Jeder der Anwesenden weiß um den Hintergrund des Schauspiels: Kein Jahr zuvor ist Konstantinopel, letzte Bastion der Christenheit im Osten, in die Hände des osmanischen Sultans gefallen. Daraufhin hat der Papst die europäischen Herrscher zum Kampf gegen die Türken aufgerufen.

Tief sitzt in den Köpfen von Fürsten und Rittern die Erinnerung an früheres Versagen: Die meisten Kreuzzüge gegen die Muslime sind gescheitert. Noch die letzte bewaffnete Wallfahrt, an der 1396 auch der burgundische Herzog Johann teilnahm, endete desaströs. Johann wurde gefangen genommen und kam erst nach der Zahlung eines hohen Lösegeldes frei.

Philipp, sein Sohn, kann trotzdem (oder gerade deshalb) nicht von diesem höchsten aller Ritterideale lassen: Jerusalem zu befreien. Denn haben nicht erst die Kreuzzüge aus den berittenen Kriegern edle Ritter gemacht, deren Ideal und ihren Geist geprägt?

Der Herzog ist fest entschlossen, diese ritterliche Tradition wiederaufzunehmen und seine Gefolgschaft für diese Idee zu begeistern. Und jetzt sieht er die Zeit dafür gekommen.

Daher trägt nun einer der Ordensritter einen Fasan herbei, der an Kolchis erinnern soll, jenen Ort, von dem das Goldene Vlies einst geraubt worden sein soll.

Behutsam legt Philipp seine Hand auf das glänzende Gefieder des Vogels – und schwört mit fester Stimme, einen Kreuzzug gegen die Türken nach Kräften zu unterstützen. Jubel brandet auf.

BANKETTE und Darbietungen zelebrieren die Macht des Herrschers. Diese Ritter haben sich als »Wilde« verkleidet, sind jedoch einer Fackel zu nah gekommen: Nun brennen ihre Kostüme

EIN RITTER hat nicht nur ein tapferer Krieger zu sein, sondern auch ein eleganter Tänzer. Die Frau mit Augenbinde auf dem Thron soll das Schicksal symbolisieren

DIE BÜRGER DER STADT GENT unterwerfen sich nach einer Rebellion: Herzog Philipp (auf dem Pferd vorn) inszeniert sich zwar als ritterlichster aller Ritter, ist jedoch ein pragmatischer Politiker und Kriegsherr. In der Schlacht setzt er nicht nur auf Panzerreiter, sondern auch auf moderne Geschütze

Gut 100 weitere Ritter legen noch an diesem Abend ihr Gelübde auf den Fasan ab. In den Tagen danach, als Herolde und Boten überall die Kunde eines neuen Kreuzzugs verbreiten, sind es fast noch einmal so viele, die den Eid schwören – als wollten sie sich ihrer Bedeutung vergewissern in einer Zeit, da ihr Stand auf den Schlachtfeldern bedroht ist.

Denn zu Philipps Zeiten gelten die Panzerreiter längst nicht mehr als unumschränkte militärische Elite des Kontinents – wohl aber als kulturelle Führungsschicht: Werte und Regeln ritterlichen Lebens sind über die Jahrhunderte hinweg zum Maßstab der Mächtigen geworden. Vor allem an den großen Herrscherhöfen huldigen und folgen sie ihnen.

Und niemand übertrifft darin Philipp den Guten, der den schönsten aller Ritterhöfe führt.

So alt die Rittertraditionen auch sind, auf die sich der 57-jährige Herzog von Burgund beruft, seine Dynastie ist noch ziemlich jung – und deren Aufstieg geradezu rasant.

Gut 90 Jahre zuvor hat Frankreichs König seinem vierten Sohn Philipp das Herzogtum Burgund zum Lehen gegeben. Das Land umfasst da, 1363, neben dem Kerngebiet um die Hauptstadt Dijon nur ein spärlich besiedeltes, bäuerliches Gebiet an der Loire.

Doch schon diesem Philipp, genannt der „Kühne", gelingt es, sein Reich rasch auszuweiten, vor allem durch geschickte Hochzeitspolitik. Er heiratet Margarete, die Erbtochter des Grafen von Flandern, und gewinnt so bedeutende flämische Gebiete hinzu – das europäische Zentrum des Tuchgewerbes, aus dem bald schon üppige Zoll- und Steuereinnahmen an den burgundischen Hof fließen. Das Erbe seiner Frau verschafft Philipp zudem weitere Territorien in den heutigen Niederlanden sowie französische Gebiete und die zum römisch-deutschen Reich gehörende Freigrafschaft Burgund (siehe Karte Seite 144). Durch die neuen Territorien steigt der Herzog zu einem der bedeutendsten europäischen Fürsten auf; er ist nun fast ebenso mächtig wie der französische König, sein durch Kriege geschwächter Lehnsherr.

Die Tuchindustrie verbindet Burgund mit England, das die Wolle für die Produktion liefert. London jedoch steht mit Frankreich im schon lange währenden „Hundertjährigen Krieg" – und die burgundischen Herzöge nutzen diesen Konflikt für ihre Zwecke. Mehrmals werden sie in den folgenden Jahrzehnten die Seiten wechseln und erlangen so immer größere Eigenständigkeit.

Als Philipp der Gute 1419 an die Macht kommt, übernimmt er ein politisch und finanziell starkes Herzogtum. Er wird es in nie gekannte Höhen führen.

°

BEI SEINEM AMTSANTRITT ist Philipp gerade erst 22 Jahre alt, ein Jüngling noch, groß gewachsen, dichte Brauen. Maler seiner Zeit porträtieren ihn mit Ehrgeiz und Entschlossenheit im Blick.

Die Aufgabe ist plötzlich über ihn gekommen: Handlanger des französischen Kronprinzen haben seinen Vater ermordet. Der Prinz fürchtete die Macht und den Einfluss, den der ebenfalls aus der Königsfamilie stammende Burgunder am Hof in Paris ausübte.

Dennoch ist Philipp gut vorbereitet. Er hat eine ritterlich-adelige Ausbildung genossen, wie sie mittlerweile Standard ist in den hohen Fürstenhäusern Europas: Sie umfasst den Kampf mit Schwert und Lanze, aber auch den Tanz und das Spiel auf der Harfe. Der Jüngling ist mit antiker und mittelalterlicher Literatur vertraut, beherrscht neben Französisch, der feinen Sprache des Hofes, auch Flämisch und natürlich sämtliche Regeln der höfischen Etikette.

DAS SCHWERT IM KAMPF, DIE HARFE AM HOF

In dieser Zeit gehört das Rittersein längst zum Wesen eines adeligen Herrschers. Romane und Epen feiern die Reiterkämpfer als einzig verbliebene Helden in einer Welt voll Gier, Furcht und Rachsucht. Sie verkörpern alles Geschätzte, das Harte und das Moralische: Sie sind Gewalt- und Ehrenmänner, eigensinnig und brüderlich, wissen in der Schlacht ebenso zu glänzen wie in der Philosophie.

Um sich selbst noch einmal zu erhöhen, mit dem Nimbus von Stärke und moralischem Glanz zu versehen, richten viele europäische Fürsten ihr Leben am Ideal des vollkommenen Kämpfers aus.

Nach und nach sind Aristokratie und Rittertum so immer weiter verschmolzen. Fürsten lassen ihre Söhne zu Rittern erziehen, schmücken sich mit ritterlichen Titeln, zeichnen Verwandte und Verbündete damit aus. Zugleich aber nimmt die militärische Bedeutung der Panzerreiter ab – auch weil es immer weniger Schlachten gibt, in denen sie gebraucht werden.

An den Fürstenhöfen gelten jedoch weiterhin ritterliche Ideale: außerordentliche Großzügigkeit, präzise Benimmregeln, besondere Kleider, eigene Tänze.

Philipp der Gute entspricht perfekt dem Bild des fürstlichen Ritters, da sind sich die Chronisten einig. Kampfeslustig sei er, fast täglich trainiere er. Zugleich beherrsche er aber auch das Duell mit Worten, sei respektvoll, großmütig und loyal. Und wie er tanze, unübertroffen!

Dazu dieser Sinn für alles Schöne, ja Extravagante. Sein Hut, den er bei öffentlichen Auftritten trägt, ist dicht mit Rubinen, Diamanten und Perlen besetzt. Seine Gewänder sind zuweilen so lang und weit, dass sie beim Reiten vom Ross bis auf den Boden reichen.

Beim Regieren ist Philipp allerdings weitaus weniger stilvoll, agiert durchtrieben und skrupellos. Sein Ziel: Burgund noch größer und mächtiger zu machen.

Im Jahr 1421 erwirbt der Herzog die Grafschaft Namur. Deren Herrscher ist hoch verschuldet, und Philipp ergreift die Gelegenheit: Für 132 000 Goldkronen (25 000 in bar, den Rest in drei Jahresraten) erhält er das Erbrecht an der Grafschaft.

Später fällt ihm unter anderem auch das Herzogtum Brabant mit der wichtigen Stadt Brüssel als eine glückliche Erbschaft zu.

Zuvor schon hat ein Ringen um weitere Gebiete in den heutigen Niederlanden, Belgien sowie Frankreich begonnen: um die Erbschaft der Gräfin Jacqueline von Holland, Seeland und Hennegau, eine Verwandte des Hauses Burgund. Geschickt nutzt Philipp einen familiären Zwist, um zu versuchen, seine Cousine Jacqueline unter seinen Einfluss zu bringen.

DIE RITTER GELTEN ALS DIE LETZTEN HELDEN

Als die Gräfin ihre Unabhängigkeit mit englischer Unterstützung verteidigt, nimmt sich Philipp schließlich mit Gewalt, was er anders nicht erringen kann.

Am 13. Januar 1426 greift sein Heer die Hafenstadt Brouwershaven an, in der seeländische und englische Krieger Stellung bezogen haben. Philipps 4000 Mann starke Armee besteht vor allem aus holländischen Einheiten, die sich auf das Kämpfen mit Armbrüsten und schwerer Artillerie verstehen – und nur zum geringen Teil aus gepanzerten Reitern.

Denn so groß seine Ritterbegeisterung auch sein mag: Philipp weiß, dass sich mit Rittern allein kaum mehr eine Schlacht gewinnen lässt. Die zum Teil schwer gepanzerten Kämpfer sind oft zu behäbig – und zu eigensinnig. Daher setzt er neben den Rittern auch Infanteristen und Kanoniere ein. Bald schon gibt es in Burgund die modernste Artillerie des Kontinents mit fahrbaren Lafetten, gar ein stehendes Heer aus regelmäßig übenden Infanteristen – die beweglicher, flexibler, disziplinierter sind als ein Trupp individualistischer Panzerreiter.

Die Macht seines Militärs bekommen nun, in Seeland, auch Philipps frühere englische Verbündete zu spüren. Zwar gelingt es deren Langbogenschützen, die burgundischen Kämpfer nach deren Landung im Hafen in die Defensive zu drängen. Dann aber schlagen Philipp und seine Mannen zurück, geordnet und bestens gerüstet, angetrieben von markerschütternden Tönen aus Hörnern und Trompeten.

Sie treiben die Gegner auf einen Deich hinauf und metzeln sie nieder. Einige der Zurückweichenden ertrinken in einem Graben hinter dem Damm.

Der Ausgang der Schlacht ist verheerend für Jacqueline. Zwar leistet sie noch einige Zeit Widerstand. Doch gut zwei Jahre später erkennt sie Philipp als Mitregenten an und setzt ihn als ihren Erben ein, sodass ihm ihre Gebiete nach ihrem Tod 1436 zufallen.

Binnen nicht einmal zwei Jahrzehnten hat der Burgunder sein Reich um mehr als ein Drittel anwachsen lassen. Es ist jetzt eine europäische Mittelmacht von Gewicht, die strategisch exponiert zwischen Frankreich und dem römisch-deutschen Reich liegt.

Philipp aber hegt noch größere Ambitionen. Und dafür benötigt er das Rittertum auf andere Weise wieder umso mehr. Im Jahr 1430 begründet er eine neue Gemeinschaft von Rittern, den Orden vom Goldenen Vlies.

Feierlich überreicht er am 10. Januar während der Feier zu seiner dritten Hochzeit (mit der Tochter des portugiesischen Königs) den 24 Gründungsmitgliedern seines Ordens, alles hohe Adelige aus seinem Herrschaftsgebiet, das Zeichen ihres Zusammenschlusses: eine schwere Halskette, an der das goldene Widdervlies prangt.

Das Collier ist ein Werk vollkommener Goldschmiedekunst, voller dunkler Edelsteine – und tiefer Symbolik; so sind die Glieder der Kette derart ineinander verhakt, dass sie nur bei Zug zu-

FEIERLICH versammeln sich die Ritter des Ordens vom Goldenen Vlies. Die elitäre Gemeinschaft wird 1430 von Herzog Philipp gegründet – und später von seinem Sohn (M.) weitergeführt

sammenhalten. Fehlt diese Kraft – fehlt, so das Sinnbild, die Solidarität –, fällt alles auseinander.

Philipp gebietet seinen Ordensbrüdern, das Collier täglich zu tragen, zum Beweis ihres steten Ringens um Zusammengehörigkeit, diesem ritterlichen Ideal.

Den Statuten des Ordens nach verpflichten sich die Mitglieder, den christlichen Glauben zu fördern und zu verteidigen. Doch für Philipp selbst ist die Gründung nicht nur Dienst an Gott. Sie ist Politik.

Denn der Herzog, der dem Orden vorsitzt, stützt damit seine Autorität, feiert sich als ritterlicher Herrscher und würdiger Nachfolger antiker Helden.

Zugleich schmeichelt er den Adeligen und bindet die hohen Herren enger an sich – indem er sie heraushebt, schmückt, auf vielfache Weise verwöhnt.

TURNIERE sind in Burgund mehr als nur ritterliche Duelle: Krieger messen sich mitunter in Schaukämpfen, die Szenen aus berühmten Epen nachempfunden sind

°

EINMAL IM JAHR treffen sich die Vliesritter zu einer vornehmen Versammlung, dem Ordenskapitel. Das Treffen ist ein oft wochenlanger Reigen aus Gottesdiensten, Unterredungen und Banketten, der stets mit Gebeten zu Ehren des burgundischen Schutzpatrons beginnt.

In vollem Ordensornat schreiten die Ritter dafür zur Kirche. Gehüllt in lange rote Umhänge, auf ihren Häuptern rote Mützen, an ihren Füßen lederne Schnabelschuhe, deren lange Spitzen das Gehen erschweren (dies ist das typische Schuhwerk des Adels jener

EIN ADELIGES PAAR tauscht unweit einer Burg die Verlobungsringe. Am Hof herrscht eine strenge Hierarchie – in der selbst Details wie die Länge der Schleppe vom Rang der Trägerin künden

WEITE TEILE BURGUNDS unterstehen formal zwar dem König von Frankreich (hier Karl VI., mit Speer), doch im 15. Jahrhundert werden die beiden Mächte immer mehr zu Rivalen

Zeit, das auch bei den anderen Ständen immer beliebter wird).

Die Klänge der Hofkapelle flirren durch die Luft, ergreifend verbinden sich die Lauten und Flöten mit den Gesängen der Musiker. Sie intonieren mehrstimmig. Philipp holt immer wieder bedeutende Musiker und Komponisten an seinen Hof, um die Kirchenmusik zu verfeinern – zu Gottes Ehren.

Zwischen den diversen Messen tritt der Orden beim Kapitel zu Gesprächen zusammen, ehrt verstorbene Mitglieder, benennt neue, schließt allzu widerspenstige aus.

Die Runde versucht, mögliche Streitfälle zwischen dem Herzog und den anderen Adeligen beizulegen, rügt einzelne Ritter wegen ihrer Lebensführung. Denn die Mitglieder verpflichten sich zu einer gottgefälligen Existenz, das bedeutet auch, die herrscherliche und eheliche Treue zu wahren.

Für Philipp selbst allerdings scheinen andere Regeln zu gelten: Er hat, wie viele Herrscher seiner Zeit, bald etliche uneheliche Kinder. Immerhin lässt er täglich Messen lesen und Weihwasser sprenkeln, um sich von dieser Sünde reinzuwaschen.

°

WÄHREND DER Kapiteltreffen bewirtet der Herzog die Ordensbrüder fürstlich. Philipp weiß, wie wichtig es ist, um die Loyalität seines Adels zu buhlen.

Denn so groß sein Reich auf der Landkarte erscheint: Es bleibt ein Flickenteppich einander fremder, oft miteinander konkurrierender großer und kleiner Unterherrschaften und stolzer Städte.

Zwar gelingt es dem Fürsten 1435 auf einer Konferenz, den lange schwelenden Konflikt mit dem französischen König vorerst beizulegen: Er muss dem Monarchen, der einst als Kronprinz den Mord an seinem Vater in Auftrag gegeben hatte und sich nun für die Tat entschuldigt, fortan nicht mehr persönlich einen Lehnseid für die französischen Territorien seines Herrschaftsgebietes leisten.

Doch Ende der 1430er Jahre schaffen Kämpfe und Revolten in weiten Landesteilen ernsthafte Probleme. Im Norden kommt es zu Auseinandersetzungen mit den Engländern, Städte leiden unter den wirtschaftlichen Folgen und begehren gegen den Herzog auf.

Und im Süden marodieren arbeitslose Soldaten, die nach dem Friedensschluss zwischen Burgund und Frankreich nicht mehr gebraucht werden. Hat sie der französische König, der in Philipp noch immer einen Gegenspieler sieht, nach Burgund geschickt?

Die Bewohner der betroffenen Regionen jedenfalls geben dem Herzog und seiner Politik die Schuld an diesem Plünderzug.

Ständig ist Philipp im Land unterwegs, pendelt zwischen seinen fünf Hauptresidenzen in Dijon, Lille, Brüssel, Brügge und Hesdin im Artois hin und her, um Vertrauen zurückzugewinnen und sich als mächtiger Herrscher zu inszenieren. Als jemand, zu dem man ehrfurchtsvoll aufblickt.

Schon der reisende Hof ist ja ein Spektakel: eine Kolonne von 72 Wagen, jeder von fünf oder sechs Pferden gezogen.

Zwei Zimmerleute begleiten den Konvoi, um unterwegs gebrochene Wagenräder auszubessern oder mit Holzkonstruktionen allzu holprige oder verschlammte Wege zu überbrücken.

Die Pferdegespanne, deren Anmietung große Summen verschlingt, bergen alles, was die ansonsten beinahe verwaisten Residenzen mit Glanz und Pracht erfüllt. Fünf Wagen allein transportieren die Juwelen und Schätze des Herzogs.

Vier weitere Gefährte sind gefüllt mit kunstvollen Wandteppichen, um die angesteuerte Residenz neu zu verzieren.

Tapissiers haben antike Heldengeschichten und religiöse Szenen auf die Wandbehänge gebannt. Für jede Residenz, jedes Fest fertigen sie immer neue Sujets an.

Ein weiteres Gefährt transportiert die Instrumente der Hofkapelle. Die Küchenutensilien füllen fünf Karren, der Wein drei weitere Gespanne. Hinzu kommen noch einmal mindestens 15 Karren, in denen Herzogin Isabella Kleider, Schmuck und edle Gewürze verstaut hat. Sogar für Karl, den jungen Sohn des Herrscherpaares, gibt es zwei eigene Wagen, für Kleider und Spielzeug.

Sind der Transportkonvoi und der Herrscher am Ziel angekommen, nehmen rund 300 Höflinge meist adeliger Herkunft sowie ungezählte weitere Bedienstete ihre Arbeit auf – vom Almosenmeister, der während der herzoglichen Reisen den Armen am Wegesrand Geld spendet, bis zum Zeremonialtrompeter.

Nachdem sich der Hof in der neuen Residenz eingerichtet hat– für einige Wochen oder gar Monate –, beginnt ein eindrucksvolles Schauspiel, wie man es im Europa des ausgehenden Mittelalters sonst nirgendwo so erlebt: das höfische Zeremoniell des Alltags.

BRUDERSCHAFT DER KRIEGER

Um 1120 gründen sich die Templer – und dann weitere Gemeinschaften

Europas Ritter fühlen sich über Regionen und Rangunterschiede verbunden, aber sie finden auch in eigenen Orden zusammen. Den ersten dieser Zirkel stiftet um 1120 der Franzose Hugo de Payns im Heiligen Land: Die Templer, eine Gruppe christlich bewegter Krieger, verschreibt sich dem Schutz von Pilgern. Die Tempelritter leben, anders als weltliche Standesgenossen, in Armut, Keuschheit und Demut. Ihrem Beispiel folgen die Orden der Johanniter und Deutschritter.

1348 gründet Englands König Eduard III. die erste weltliche Ordensgemeinschaft. Während des Krieges gegen Frankreich beruft er erfolgreiche Kämpfer in den Hosenbandorden (benannt nach einem Accessoire).

Schon 1312 aber sind die zu mächtig gewordenen Templer vom Papst verboten worden, die Deutschritter – die im Nordosten Europas einen eigenen Staat gründen (siehe Seite 72) – verlieren 1410 eine entscheidende Schlacht, andere Gemeinschaften gehen nach der Reformation unter. Heute bestehen nur noch wenige dieser überaus elitären Gruppen, darunter der Hosenbandorden und die Malteser.

Denn so gut wie nichts am burgundischen Hofe erfolgt zufällig oder aus eigenem Antrieb. Jedes Mitglied, jeder Beteiligte hat sich teils absurd strengen Regeln und Ritualen zu unterwerfen.

Die Idee dahinter: Ritterliche Tugenden wie Disziplin, Respekt und Demut, kombiniert mit Extravaganz und Exklusivität, sollen nicht nur während der großen und prächtigen Feste gepflegt werden, sondern auch im Alltäglichen.

Zugleich aber dient die ritterliche Lebensart bei Hofe noch einem anderen, praktischen Zweck: Sie zähmt das Verhalten mehrerer Hundert Menschen unterschiedlicher Herkunft und mitunter rivalisierender Absichten, die hier auf engem Raum zusammenkommen. Das ritterliche, respektvolle, im Wortsinne „höfliche" Benehmen mindert das Risiko für Zank oder sogar Handgreiflichkeiten.

Und so durchwaltet in Burgund ein minutiöses Regelwerk das Hofleben bis in die Schlafkammern.

Jeden Morgen lässt sich Philipp von zwölf Trompetern vor seinem Fenster wecken. Nur die Träger höchster Ämter (etwa die Kammerherren, die ihn stets begleiten und bewachen) schlafen in jenem Trakt, in dem auch die Gemächer des Herzogs liegen.

Der Herrscher hat alle ranghohen Positionen unter den Höflingen ausschließlich mit Rittern besetzt. Sie sind ihm nahe wie niemand sonst – so darf ihm etwa abends der Erste Kammerherr gar seine Schlafmütze zur Nacht richten, ein großes Privileg. Denn die Nähe zum Herzog drückt dessen Wertschätzung aus, symbolisiert Einfluss und Macht.

Zugleich würden die Amtsträger aber niemals in Erwägung ziehen, etwa Philipps Bett auszuschütteln, wenn er es verlassen hat; es wäre unter ihrer Würde. Solche einfachen Aufgaben haben einfache Bedienstete zu erledigen.

Eine strenge Hierarchie bestimmt das höfische Leben überall: So speisen die meisten Höflinge stets in Gruppen mit ranggleichen Kollegen. Der Erste Kammerherr hat dagegen das Recht, allein zu essen und sich zudem zweimal am Tag mit warmen Mahlzeiten bedienen zu lassen, je einem Teller Fleisch, zwei Vierteln Wein sowie weißem und braunem Brot.

DER HERZOG WILL DIE KRONE DES KÖNIGS

Philipps Mahlzeiten gleichen liturgischen Handlungen. Mit fest vorgeschriebenen Handgriffen reichen ihm Mundschenke polierte Krüge und Becher mit Wein und Wasser an, tragen Diener Salz, Brot und delikate Speisen herbei.

Alles ist so geplant, dass die rangniederen Höflinge stets als Erste mit dem Essen fertig sind, um anschließend vor den Herzog treten zu können, der noch an seiner Tafel sitzt, dort niederzufallen und ihm die Ehre zu erweisen.

Das Hinknien vor einem Rangoberen ist bei Hof unerlässlich, dies zu missachten eine unverzeihliche Sünde. Treffen in einem Raum mehrere Adelige hohen Ranges aufeinander, führt das mitunter zu hochkomplizierten Kaskaden von Verbeugungen und Ehrerbietungen – ein langwieriges, umständliches Ritual, das aber unter allen Beteiligten als Ausweis von höchster Verfeinerung und Ritterlichkeit gilt.

Doch nicht nur im Alltag, auch bei besonderen Gelegenheiten zelebriert Philipp die ritterliche Kultur, um sich mit der Aura des Erhabenen zu umgeben: Er fördert Turniere.

Was in Frankreich vier Jahrhunderte zuvor als blutige Schlacht zweier ritterlicher Mannschaften begonnen hat (siehe Seite 56), ist längst zu einem sorgsam reglementierten Kräftemessen geworden. Mehr noch: Philipps Turniere gleichen bisweilen glanzvollen Theateraufführungen.

Im Sommer 1443 etwa lädt Pierre de Bauffremont, ein enger Vertrauter Philipps, zu einem Turnier am Rand von Dijon, das einem bekannten Ritterepos gewidmet ist: dem Rolandslied.

Es erzählt vom tapferen Kampf eines Reiterkriegers gegen Heiden zur Zeit Karls des Großen: wie er mit Gefährten in einen Hinterhalt gerät, in dem er sich letztlich allein behaupten muss; wie er stirbt und für seinen gottgefälligen Heldenmut sogleich in den Himmel aufgenommen wird.

Ein gutes Dutzend burgundischer Ritter mimen bei dem Turnier Roland und dessen Getreue, die sich – kühn wie ihr legendäres Vorbild – immer neuen Angreifern stellen (die von angereisten Kriegern aus Italien, Frankreich und Spanien verkörpert werden).

Gekämpft wird wohl, wie inzwischen üblich, mit stumpfen Waffen und prunkvollen Rüstungen, fein geschmiedet, mitunter 30 Kilogramm schwer, in die die Reiterkrieger von ihren Bediensteten beinahe hineingeschraubt werden.

Wahrscheinlich studieren manche der Ritter auch Texte ein,

die sie während der Wettbewerbe aufsagen, streifen sich besondere, schillernde Kostüme über, greifen zu Requisiten – alles, um der Rahmenhandlung Genüge zu tun.

Insgesamt fünf Wochen dauert das Schauspiel. Immer montags, dienstags und mittwochs treten die Männer hoch zu Ross gegeneinander an, donnerstags, freitags und samstags finden Bodenkämpfe mit Streitaxt und Schwert statt: Auf ein Zeichen hin begeben sich die Ritter in ihre Gefechte, die durchaus als ernster Wettbewerb ausgeführt werden.

Enden die Duelle für den Tag, strömen die Zuschauer – Adelige wie auch einfache Untertanen – zu einem nahe gelegenen Anwesen des Veranstalters, um sich auf dessen Kosten zu stärken.

Philipp finanziert den Wettbewerb mit und wohnt ihm zweimal als Kampfrichter bei. Er kann zufrieden sein: Das Turnier zelebriert abermals die Macht und Herrlichkeit der Ritter seines Reiches. Und da Kämpfer und Zuschauer aus vielen Regionen anreisen, eint die Veranstaltung – zumindest eine Zeit lang – seine sonst oft zerstrittenen Untertanen.

°

DAS VERSEPOS um den tapferen Roland wird den meisten Adeligen schon vor dem Turnier wohlbekannt gewesen sein. Sich in der antiken Sagenwelt auszukennen, mittelalterliche Verse und Lieder rezitieren zu können, ist längst gute ritterliche Pflicht. Nur ein gebildeter Ritter gilt im 15. Jahrhundert als ein vollkommener Ritter. Er muss die Schrift ebenso wertschätzen wie das Schwert.

Dass auch dies am burgundischen Hofe ernst genommen wird, zeigt die herzogliche Bibliothek. Philipp hat bereits in jungen Jahren Schreiber und Buchmaler beschäftigt, die den Bestand der höfischen Büchersammlung über die Jahre um das Doppelte auf rund 850 schwere Folianten haben anwachsen lassen.

Der Herzog zählt zu Europas ersten Herrschern, die einen Hofchronisten beschäftigen, schätzt aber auch Unterhaltungsliteratur: In einem Buch lässt er heitere und erotische Geschichten bündeln, die man sich bei Geselligkeiten erzählt.

Auch andere Künstler und Kunsthandwerker wirbt sein Hof an. Sticker verzieren über Monate hinweg die Prachtkleider und Messgewänder der herzoglichen Familie, der Höflinge und der Mitglieder des Ritterordens mit Gold- und Silberfäden, Perlen und Glassteinen. Bildhauer schaffen detailreiche steinerne Statuen von Heiligen und Herrschern, die Residenzen und Kapellen im Reich zieren. Goldschmiede fertigen Geschirr, Pokale, verziert mit persischen Rubinen, Broschen, Schachspiele mit Figuren aus Bergkristall.

Der Maler Jan van Eyck, der bereits seit 1425 als Hofkünstler angestellt ist, bannt biblische Szenen auf hölzerne Leinwände, porträtiert Höflinge und Herrscher.

Van Eyck beherrscht die Ölmalerei, wie sie die Welt bis dahin noch nicht gesehen hat: detailreich, präzise, vielschichtig und von einer Lebendigkeit, die Staunen erzeugt. (Später gilt der Groß-

PHILIPPS SOHN
Karl, hier von Höflingen umgeben (o. r.), wird nach dem Tod des Vaters 1467 zum neuen Herzog. Doch unter anderem weil er keinen männlichen Erben hinterlässt, beginnt der Niedergang Burgunds

meister als Begründer der altniederländischen Malerei.)

Künstler wie van Eyck erhalten ein stattliches Gehalt – und zudem viele Aufträge anderer burgundischer Adeliger, Kleriker, Bürgermeister und Kaufleute aus den Städten. Die Kunden wollen dem Herzog nacheifern und ordern daher von den gleichen Malern Kunst für ihre eigenen Gemächer und Kapellen.

Da Philipp 1443 auch Luxemburg erobert hat, ist das Herrschaftsgebiet des Herzogs von Burgund nun so groß und mächtig wie nie zuvor. Und nach einem Sieg über die Stadt Gent in Flandern, die sich jahrelang geweigert hat, bestimmte Steuern zu zahlen, ist die Macht des Herrschers auch im Inneren vorerst unangefochten.

Doch Philipp denkt wohl schon weiter, sehnt sich nach dem Titel eines Königs von Burgund. Der Lehnsherr seiner im römisch-deutschen Reich liegenden Gebiete aber, Kaiser Friedrich III., zögert, das Ansinnen zu unterstützen (ohnehin würden die anderen hohen Fürsten des Heiligen Römischen Reichs deutscher Nation Philipps höchst selbstbewusstem Ansinnen niemals zustimmen).

DAS REICH DER BURGUNDER 1467

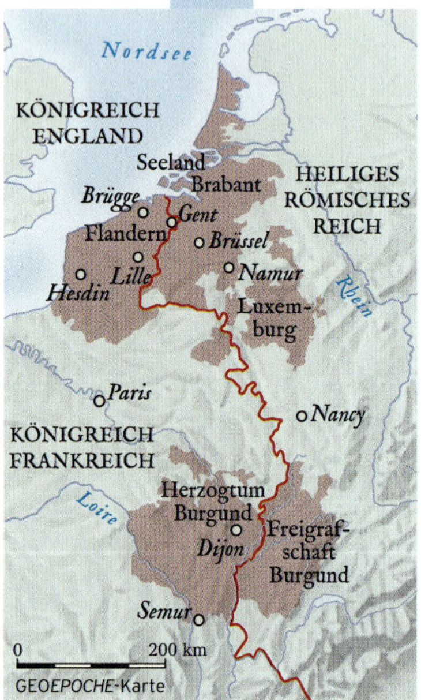

BURGUNDS KERNLAND liegt im Osten von Frankreich. Seine Herzöge vergrößern das Herrschaftsgebiet zwischen 1363 und 1467 durch Heirat, Erbschaft und Krieg. Doch sie schaffen es nicht, alles zu einem zusammenhängenden Territorium zu vereinen

Bald darauf erreicht den Hof in Dijon die Nachricht vom Fall Konstantinopels. Der Hilferuf des Papstes, der die europäischen Fürsten bittet, erneut Kreuzritter gen Osten zu schicken, um die Stadt von den Türken zu befreien, findet bei Philipp volle Zustimmung: Er, der fromme Christ, der wahre Ritter, ist fest entschlossen, mit seinen Brüdern vom Goldenen Vlies und anderen Adeligen seines Reiches aufzubrechen.

Die Kunde vom pompösen Fasanenfest in Lille, vom Kreuzzugsschwur Philipps und seiner Getreuen, dringt durch ganz Europa – voll im Sinne Philipps: Auf diese Weise will er auf dem Kontinent breite Euphorie für sein Vorhaben entfachen.

Und so reist er nur wenig später, im April 1454, nach Regensburg, um dort während eines Reichstages den römisch-deutschen Kaiser und dessen Fürsten für das Vorhaben zu gewinnen. Auch dort spricht er laut das Kreuzzugsgelübde, auch dort gibt es Applaus und das vielfache Versprechen, sich ihm anzuschließen.

Philipp plant, im kommenden Frühjahr aufzubrechen. Kriegsstrategien werden geschmiedet, Standarten und Banner gefertigt, die das burgundische Heer kenntlich machen sollen.

Doch es bleibt bei kühnen Plänen und ersten Vorbereitungen. Der Herzog wird nie in den Kampf gegen die Ungläubigen ziehen.

Hat er sich vom türkischen Herrscher einschüchtern lassen, der ihm einen Brief geschickt und ihn darin mit dem Tode gedroht hat, sollte der Burgunder gen Osten ziehen? Verunsichert ihn der Tod des Papstes, der zu dem Kreuzzug aufgefordert hat?

Oder will er sein Land nicht allein zurücklassen?

Dafür gäbe es gute Gründe, denn der französische König ist ihm offenbar nach wie vor nicht wohlgesonnen. Womöglich fürchtet Philipp, der Franzose könne seine lange Abwesenheit nutzen, um Burgund anzugreifen.

Zudem gibt es bald innerhalb der fürstlichen Familie Zank. Als Phillips Sohn Karl, mittlerweile 24 Jahre alt, bei der Besetzung eines wichtigen Amtes für seinen eigenen Hofstaat vom Vater übergangen wird, kommt es zum heftigen Streit, der auf beiden Seiten tiefes Misstrauen zurücklässt.

Zunehmend begehrt der Thronfolger gegen den Vater auf, kritisiert dessen beschwichtigende Politik gegenüber Frankreich.

Karl, der schon als Kind niemals Zweiter sein wollte, nimmt sich schließlich kurzerhand, was ihm der Vater nicht gibt.

Als Philipp im Jahr 1465 schwer erkrankt (woran, ist heute nicht mehr bekannt), hintergeht Karl ihn, ersetzt Getreue seines Vaters am Hof durch eigene Gefolgsleute und lässt sich als Generalstatthalter bevollmächtigen.

Damit ist Philipp entmachtet. Jener Herrscher, der seit mehr als vier Jahrzehnten mit Stärke und

Strenge Burgund gelenkt, es zu nie da gewesener Macht und Größe gebracht hat, wird in einem seiner wenigen schwachen Momente von der Spitze seines Staates verdrängt – und dann auch noch von dem eigenen Sohn.

Philipp zieht sich in den letzten Lebensjahren nach Brüssel zurück. Gelegentlich reist er zu seinem Schloss nach Brügge.

Dort stirbt er unerwartet in den Abendstunden des 15. Juni 1467, im Alter von 71 Jahren.

°

DIE TRAUERFEIERLICHKEITEN, die sechs Tage später beginnen, sind wie alle anderen Feste bei Hofe überbordend, pompös – und minutiös geplant. Als der Leichnam in die Sankt-Donatus-Kirche von Brügge überführt wird, folgt der gesamte Hofstaat, in streng hierarchischer Ordnung, dem Sarg. 1600 Fackelträger säumen den Zug.

Weitere 350 Fackelträger sorgen im Innenraum des Gotteshauses für ein wogendes Lichtermeer. Mehr als 6000 Pfund des teuren Rohstoffs Wachs verbrennen zu Ehren des Verstorbenen.

Auch das Volk trauert um den strengen, aber beliebten Herrscher. Viele Menschen weinten, so berichten es Chronisten, als ob die Welt unterginge.

Bereits zu Philipps Lebzeiten haben manche am Hof befürchtet, dass nach dem Tode des Herrschers eine andere Zeit anbrechen werde.

Und so kommt es nun auch.

Denn Philipps Sohn Karl, genannt der „Kühne“, ist von Ehrgeiz und Ungeduld getrieben. Er will den Vater überflügeln, will noch fleißiger, disziplinierter, ritterlicher sein als der.

Auch er fördert die ritterlich-höfische Kultur, auch er versucht die Macht Burgunds weiter zu mehren. Doch anders als seinem Vater fehlt ihm dafür das diplomatische und kriegerische Geschick.

Mitte der 1470er Jahre erleidet Karl mehrere militärische Niederlagen und kommt schließlich, nach nur zehnjähriger Regierungszeit, am 5. Januar 1477 in einer Schlacht in Lothringen um.

Bald darauf zerfällt das eben noch blühende Burgund: Frankreichs König nimmt sich Territorien zurück, sichert sich auch das Kernland des Herzogtums. Um die niederländischen Regionen entbrennt ein langer, zäher Kampf zwischen Frankreich und den Habsburgern, in deren Königsgeschlecht Karls Tochter Maria eingeheiratet hat.

Zwar kann sich ihr Mann Maximilian zunächst behaupten. Doch vom 16. Jahrhundert an wird sich aus den nördlichen niederländischen Grafschaften ein neuer Staat entwickeln, die späteren Niederlande.

Und Burgund wird endgültig untergehen.

Etwas aber überdauert: die Hofkultur und jener prächtige Ritterorden, den Philipp gegründet hat. Als Ehemann von Herzogin Maria wird Maximilian zum neuen Großmeister des elitären Zirkels berufen. Und die Habsburger führen dessen Tradition gern weiter.

Auch in anderen europäischen Reichen haben Herrscher Ritterorden gegründet, etwa den Hosenbandorden in England sowie den Drachenorden in Ungarn, dem legendären Drachentöter Sankt Georg gewidmet. Der Ritterorden vom Goldenen Vlies aber überstrahlt sie alle – durch seinen Reichtum, durch die herausragende Stellung der Habsburger in der europäischen Adelswelt und die besonders prachtvolle Aura.

In ihm und in den anderen Zirkeln konservieren sich über viele Generationen hinweg die Ideale des vollkommenen Ritters, jenes großmütigen, glanzvollen Kämpfers und Ehrenmannes.

Und so existieren selbstständige Zweige des Ordens vom Goldenen Vlies noch heute in den ehemals habsburgischen Ländern Österreich und Spanien.

Als Großmeister der iberischen Ritterschaft nimmt Spaniens König hochrangige Persönlichkeiten für „Verdienste um die Krone“ in den Orden auf. Und im Jahr 2015 die Thronfolgerin Leonor als erstes weibliches Mitglied.

In Österreich führt Karl Habsburg-Lothringen, Enkel des letzten Wiener Kaisers, die 46 ausnahmslos männlichen Ritter des dortigen Zweigs weitgehend gemäß jener Statuten, die Philipp der Gute vor rund 600 Jahren in Burgund hat formulieren lassen.

Jedes Jahr um den 30. November, den Tag des Ordenspatrons St. Andreas, treten sie weiterhin zum Kapitel zusammen, darunter der belgische König Philipp, und bestärken ihre Bruderschaft.

Das schwere Collier, Zeichen ihres Zusammenhalts, prangt dabei wie damals um ihre Hälse. Manche Ordensritter tragen sogar darüber hinaus ein Vlies an einer Kette.

Und zwar täglich. ◊

LITERATURTIPPS

RICHARD VAUGHAN
»Philip the Good. The Apogee of Burgundy«
So kundiges wie lebendiges Porträt der Zeit Philipps des Guten (Boydell & Brewer).

SUSAN MARTI U. A. (HRSG.)
»Karl der Kühne. Kunst, Krieg und Hofkultur«
Bildgewaltiger Katalog zum burgundischen Hof (Belser).

IN KÜRZE

Die höfische Kultur speist sich im späten Mittelalter aus dem Rittertum. Und wie nie zuvor erblüht sie in der Mitte des 15. Jahrhunderts in Burgund. Dessen Herzog Philipp der Gute verkörpert die Ideale des Adels, doch er ist auch ein gewiefter Realpolitiker: Der Fürst führt sein Reich zu großer Macht, die allerdings bald nach seinem Tod zerbricht. Der von ihm gegründete Ritterorden vom Goldenen Vlies überdauert die Jahrhunderte – und existiert noch heute.

DER ALLES-KÖNNER

Oswald von Wolkenstein wird von seinem Bruder verwundet, von seiner ehemaligen Geliebten verraten und von seinen Feinden gefoltert. In Liedern erzählt er voller Witz und Ironie von seinem Leben als Ritter und Politiker. Und wird so zu einem der großen Dichter seiner Zeit

TEXT: *Andreas Sedlmair*

Dichter, Diplomat, Krieger: Oswald von Wolkenstein ist ein Mann mit vielen Talenten. Doch vor allem ist er ein unermüdlicher Kämpfer in eigener Sache. Immer wieder schlägt er sich mit anderen Männern seines Standes herum: in endlosen Auseinandersetzungen um Besitz und Ansehen, in Erbstreitigkeiten, Fehden, Gerichtsverfahren.

Um 1387, mit gut zehn Jahren, wird Oswald, der zweitgeborene Sohn eines Südtiroler Adeligen, Knappe bei fahrenden Rittern. Er dient ihnen als Stallknecht, Koch, Laufbursche und nimmt an ihrer Seite an Kriegszügen gegen die Litauer teil.

Um 1400 stirbt der Vater, doch auf sein Erbe muss Oswald lange warten: Seinem älteren Bruder steht das Recht zu, den Nachlass aufzuteilen – und der nimmt sich dafür viel Zeit. Daher zieht Oswald zunächst in weitere Kriege, kämpft auf eigene Kosten für den römisch-deutschen König Ruprecht in Norditalien.

Wohl in dieser Zeit verfasst er erste Liedtexte, zu denen er auch die Musik komponiert. Rund 130 Lieder voller Sprachwitz und Selbstironie entstehen. Bis dahin unbekannt ist die Vielfalt an Themen, von denen Oswald zu erzählen weiß. Kriegserlebnisse, erotische Abenteuer, politische Verwicklungen: Zu allem erdenkt er brillant formulierte, stets unterhaltsame Lieder. Wie kaum ein anderer drückt er dabei seine persönlichen Ansichten und Gefühle aus. Bei jeder Gelegenheit unterhält er sein adeliges Publikum mit seiner vollen Singstimme – und wird über die Jahre mit seinen Werken so manchen Reichsfürsten und sogar den König beeindrucken.

Um 1405 beginnt die lange Kette selbst geschaffener Konflikte in Oswalds Leben. Von Geldsorgen geplagt und voller Ungeduld angesichts des noch nicht aufgeteilten Erbes, stiehlt er seinem Bruder Geld und Schmuck. Der überfällt den Jüngeren, verletzt ihn lebensgefährlich und zwingt ihn, das Diebesgut herauszugeben.

1407 erhält Oswald endlich seinen Anteil am Erbe – doch nur ein Drittel einer Burg bei Kastelruth wird ihm zugestanden. Das kann ihm auf Dauer nicht genug sein.

Zunächst aber wird Oswald, inzwischen zum Ritter geschlagen, Gesandter der Krone. 1415 reist er im Gefolge des Herzogs von Tirol zum Konzil nach Konstanz: einer Versammlung der katholischen Kirche unter Vorsitz des römisch-deutschen Königs Siegmund. Der Monarch ist von seinen Fähigkeiten angetan und nimmt ihn in seine Dienste auf. In diplomatischer Mission bereist Oswald fortan die Lande, vertritt Siegmund an Europas Höfen. Einen Aufenthalt in Portugal nutzt er dafür, sich an der Eroberung der nordafrikanischen Maurenstadt Ceuta zu beteiligen – und reiche Beute zu machen.

Zurück in Südtirol, heiratet er und zieht mit seiner Frau auf die geerbte Burg. Doch Oswald denkt nicht daran, sich auf das ihm zustehende Drittel zu beschränken. Er besetzt auch den Rest und zieht von den zugehörigen Höfen Abgaben ein, die eigentlich den fernab lebenden Besitzern der übrigen zwei Burgdrittel zustehen. Die lassen sich das nicht gefallen und locken ihn in eine Falle: Eine einstige Geliebte bittet ihn um ein Treffen – doch am vereinbarten Ort warten Häscher. Seine Feinde foltern ihn, erst nach Monaten kommt er gegen Kaution frei.

Fünf Jahre später wird Oswald erneut inhaftiert, weil er sich den Weisungen seines Landesherrn widersetzt hat, des Herzogs von Tirol. Oswald muss Gehorsam schwören. Dennoch folgt weiter Konflikt auf Konflikt: Er verwickelt seinen Cousin in einen jahrzehntelangen Rechtsstreit um Geld, versucht gar, den Verwandten durch ein geheimes Femegericht verurteilen zu lassen. Bei anderer Gelegenheit verpasst er dem Bischof von Brixen einen Faustschlag. Mit einer Dorfgemeinde prozessiert er endlos über Weiderechte.

Noch mit 65 Jahren beteiligt er sich an einem Aufstand des Tiroler Adels gegen den neuen König Friedrich III. Dann aber endet der ewige Kampf des Oswald von Wolkenstein. Am 2. August 1445 erliegt er einer Krankheit. Seine Lieder bleiben der Welt jedoch erhalten: Schon zu Lebzeiten hat er sie in zwei kostbaren Handschriften sammeln lassen. Und so gilt er heute als der bedeutendste deutschsprachige Dichter des späten Mittelalters. ◊

OSWALD VON WOLKENSTEIN kann nur mit einem Auge sehen, vielleicht die Folge einer Verletzung aus der Kindheit. Ein Handicap, das den ungemein streitlustigen Ritter im Kampf sicherlich behindert – abhalten aber kann es ihn nicht.

DER Aufstand DES LETZTEN RITTERS

RÄDELSFÜHRER: Franz von Sickingen ist das Oberhaupt eines Aufbegehrens der südwestdeutschen Ritter

Um 1500 endet in den deutschen Landen die Ära der Ritter – denn ihre militärische Bedeutung nimmt ab, ihre Einkünfte brechen ein, und ihre Eigenständigkeit wird von machthungrigen Landesfürsten beschränkt. Doch viele der berittenen Edlen wollen das nicht hinnehmen. Einer von ihnen ist Franz von Sickingen, der versucht, seine Standesgenossen für eine Rebellion zu gewinnen

STURM AUF EINE STADT: Obwohl die mächtigen Fürsten des römisch-deutschen Reiches im Jahr 1495 mit dem Verbot von Fehden zwischen Rittern das Land befrieden wollen, zieht Franz von Sickingen immer wieder in Privatkriege gegen andere Adelige oder Städte – denn es ist ein lukratives Geschäft, bei dem sich etwa Lösegeld erpressen lässt

TEXT: *Ralf Berhorst*

An einem Tag im August des Jahres 1522 rücken etwa 600 Ritter in voller Rüstung auf die Pfälzer Stadt Landau vor. Ohne auf Widerstand zu stoßen, passieren die Schwerbewaffneten die Wälle des Ortes und reiten ins Zentrum. Vor dem „Haus am Maulbeerbaum", der vornehmsten Herberge am Platz, steigen sie ab und quartieren sich in dem früheren Adelshof und einigen anderen Unterkünften ein.

Die Krieger aus dem Rheinland, aus Schwaben und Franken sind nicht gekommen, um zu kämpfen. Sie wollen miteinander reden.

Niemand weiß heute noch genau, wie viele Tage sie in dem Gasthaus verbringen, wie die Meinungen hin und her wogen. Doch am 13. August 1522 gründen die versammelten Ritter feierlich eine „brüderliche Vereinigung" und verabschieden eine Art Satzung. Darin halten sie fest, dass sie sich künftig gotteslästerlicher Reden, ausschweifender Trinkgelage und unehrenhafter Taten enthalten wollen. Sie verzichten darauf, Fehden untereinander zu führen; sämtliche Streitigkeiten sollen eigene Schiedsleute, Obmänner oder das Los entscheiden.

In Landau, so scheint es, zivilisiert sich ein kriegerischer Berufsstand, dessen Metier über Jahrhunderte das Kämpfen und Töten war: Er gibt sich Vorschriften.

Tatsächlich aber ist die Gründung dieses Bundes ein rebellischer Akt. Ein Affront gegen die Rechtsordnung des Heiligen Römischen Reiches deutscher Nation, dessen Gerichte die Ritter nicht anerkennen. Ein ebenso trotziges wie verzweifeltes Aufbegehren gegen eine neue Zeit, in der die Kämpfer ihre Bedeutung schwinden sehen, sich an den Rand der Gesellschaft gedrängt fühlen.

Davor soll sie vor allem einer ihrer Standesgenossen bewahren: Gegen Ende der Versammlung wählen sie Franz von Sickingen zum Hauptmann ihrer Vereinigung. Der 41-Jährige hatte zu dem Treffen geladen. Franz ist der berühmteste Kriegsunternehmer im Reich. Und er soll der Ritterschaft wieder Einfluss verschaffen, sie zu altem Glanz führen.

Nur die wenigsten Männer ahnen, dass der Hauptmann angeschlagen ist.

°

UM 1500 ERLEBT EUROPA einen Sturm der Veränderung. Kaufleute knüpfen immer dichtere, grenzüberschreitende Handelsnetze, bauen (wie etwa die Augsburger Fugger) ihre Unternehmen binnen weniger Jahre zu mächtigen Konzernen mit Niederlassungen in den bedeutendsten Metropolen des Kontinents aus.

Zugleich sorgt der um 1450 erfundene Buchdruck dafür, dass sich Wissen in rasanter Geschwindigkeit ausbreitet – Kenntnisse etwa über neu entdeckte Erdregionen, über gewinnträchtige Handelsrouten, aber auch Gedanken, die die Obrigkeiten herausfordern.

Gerade Städte profitieren von dieser Dynamik: Durch Handel und Gewerbe zu Wohlstand gekommene Bürger kaufen verarmten Adeligen ihre Landsitze ab; mancher Kaufmann leiht Fürsten, ja selbst dem König, Geld und nimmt so Einfluss auf deren Politik.

Gleichzeitig streben weltliche und geistliche Fürsten danach, ihre Macht auszuweiten: Sie formen ihre Territorien zu immer fester gefügten Staaten mit arrondierten Herrschaftsgebieten.

Dieser Prozess schadet den niederen Adeligen, die bislang als autonome Herren über ihre Güter herrschten. Ihre Gebiete, oft Enklaven in einem größeren Staat, werden mitunter von den Landesherren geschluckt. Die versuchen zudem, alle Niederadeligen ihrer Steuerhoheit und Gerichtsbarkeit zu unterwerfen, sie also zu Untertanen zu machen.

Der deutsche König kann nichts dagegen tun, denn er ist bei der Erhebung etwa von Kriegssteuern auf die Zustimmung der Landesherren angewiesen.

Im Jahr 1495 verabschiedet eine von König Maximilian I. einberufene Versammlung der Städte und hohen Fürsten den „Ewigen Landfrieden": Damit sind fortan Fehden aller Art verboten; das alte Privileg, sich mit Gewalt selbst Recht zu verschaffen, erlischt. Stattdessen soll nun ein Reichsgericht alle juristischen Streitfälle friedlich in letzter Instanz regeln.

Der Landfrieden ist ein Schlag vor allem gegen die Ritter. Denn das Fehdeprivileg war ein von ihnen seit Langem genutztes Vorrecht, ein Mittel zur Konfliktlösung oder Selbstjustiz. Und anders als König, Fürsten und Städte haben sie keinerlei Einfluss auf die Besetzung der Richter am Reichsgericht.

So sind gerade die Panzerreiter, die zum großen Teil dem unter Druck geratenen niederen Adel angehören, die Verlierer der neuen Zeit. Auch militärisch haben sie ihre dominante Rolle verloren. Denn die Art, Krieg zu führen, hat sich radikal gewandelt, und die Gerüsteten gelten längst nicht mehr als unbesiegbar.

ZUM WICHTIGSTEN ELEMENT der Kriegführung werden im Verlauf des 15. Jahrhunderts große Söldnerarmeen zu Fuß. Die schwer gerüsteten Panzerreiter, hier noch im Zentrum der Darstellung, sind nur noch selten schlachtentscheidend

Wieder und wieder haben in den Jahrzehnten zuvor gut trainierte Fußtruppen große Reiterheere besiegt. Und gezeigt: Wenn sich Tausende entschlossene Infanteristen zu einer Igelformation zusammenschließen und ihre Langspieße senken, scheut jedes Pferd zurück.

Noch gefährlicher für die Reiterkrieger sind die Armbrustschützen, deren Bolzen bis zu 200 Meter weit fliegen und das Stahlblech der Rüstungen durchschlagen können. Solche Distanzwaffen machen den traditionellen Ritterkampf von Mann zu Mann unmöglich.

Zudem nutzen Heerführer zunehmend Kanonen, deren steinerne Geschosse die Mauern von Burgen, Türmen und Befestigungsanlagen aufbrechen. Kleinere Geschütze werden bei Feldschlachten eingesetzt – wie auch Handfeuerwaffen. Zwar haben die anfangs nur eine geringe Reichweite von höchstens 50 Metern, dennoch entscheiden die modernen Waffen nun immer häufiger eine Schlacht, während die Panzerreiter zur Hilfstruppe der Infanterie werden.

Auch wirtschaftlich kämpfen etliche Ritter gegen den Abstieg. Viele von ihnen besitzen kleinere Grundherrschaften als Lehen, die oft nur ein oder zwei Dörfer umfassen; am lukrativen Handel haben sie kaum Anteil.

Um 1500 zahlen jene Bauern, die die Felder der Ritter bewirtschaften, ihre Abgaben oft nicht mehr in Naturalien, sondern mit Geld zu festen Summen. Doch eine schleichende Inflation entwertet die Silbermünzen, und so haben die Ritter de facto ein immer geringeres Einkommen.

Bald können viele von ihnen ihren aufwendigen Lebensstil nicht mehr aufrechterhalten. Manche werden Söldner, andere nehmen eine Stelle als Verwalter im Dienst eines Fürsten an und geben damit ihre ritterliche Freiheit auf.

Diejenigen, die ihrem Stand treu bleiben, wirken in ihren Burgen wie Relikte einer versunkenen Zeit – vor allem mit ihrem Beharren auf dem althergebrachten Fehderecht. Denn das gefährdet den sicheren Austausch von Waren und Wissen: Unter Berufung auf angeblich legitime Selbstjustiz attackieren Ritter Reisende und Stadtbewohner, überfallen Kaufleute, erpressen Lösegeld, drohen Kommunen mit Brandschatzung. Längst ist der Übergang zwischen Fehderecht und krimineller Räuberei fließend.

Der Ewige Landfrieden soll all das endlich unterbinden. Er soll die Ritter in die Schranken weisen.

Mitten in dieser Epoche von Wandel und Niedergang wächst Franz von Sickingen auf. Seine Familie ist wohlhabend. Der Vater besitzt Bergwerke, in denen er nach Kohle, Quecksilber, Kupfer und Silber graben lässt, handelt mit Erzen. 1505 erbt Franz den Besitz – mit 24 Jahren ist er ein reicher Mann. Doch das genügt ihm offenbar nicht.

Er wird Amtmann eines Fürsten, schlichtet in dessen Auftrag Streitigkeiten und hält dafür auf seiner Burg Reiter und 20 Fußsoldaten bereit. 1509 schließt er einen Solddienstvertrag mit dem Erzbischof von Mainz und muss dafür sechs Pferde, einen Knappen und vier Knechte stellen. Dann tritt er als ritterlicher Lehnsmann in den Dienst des Bischofs von Straßburg. Er investiert überdies in Weinberge, kauft Güter und Ländereien.

1515 löst er sich von alten Verpflichtungen, um Söldnerführer zu werden: So wie viele Adelige zuvor in Italien offeriert er militärische Dienste gegen Honorar.

Rasch bietet sich ihm dazu eine Gelegenheit: Hilfesuchend wendet sich an ihn ein Notar, dem ein Bürger aus Worms 150 Gulden schuldig geblieben ist.

Franz übernimmt die Geldforderung wie ein Inkasso-Agent. Nach einem ergebnislosen Briefwechsel mit der Stadt Worms, die auf ihren Bürger einwirken solle, die Schuld zu begleichen, sammelt er Bewaffnete um sich und lauert auf dem Rhein einem Schiff Wormser Kaufleute auf, die zu einer Messe nach Frankfurt reisen. Ein Teil seiner Männer patrouilliert mit Booten auf dem Strom, die Reiter verstecken sich im Ufergebüsch.

Mit dem Streitfall haben die Händler gar nichts zu tun. Doch Franz will einen Pfand: Er beschlagnahmt die Waren, lässt die Kaufleute in eine Burg verschleppen und setzt ein Lösegeld zu ihrer Freilassung fest, das Worms zahlen soll.

Damit hat er das Gesetz zum Landfrieden gebrochen. Und die Reaktion ist hart: Dreieinhalb Wochen später verhängt das Reichskammergericht die Reichsacht gegen ihn, die Maximilian I. wenig später bestätigt. Franz verliert all seine Besitzungen und ist fortan völlig rechtlos. Jedermann darf ihn nun töten, wer ihm zur Hilfe eilt, muss mit einer hohen Geldstrafe rechnen.

Allerdings ist der Bann einstweilen bloße Theorie – denn dem Reichskammergericht fehlt die Macht, um das Gewaltmonopol auch zur Geltung zu bringen: Es gibt kein stehendes Reichsheer, und die Landesherren (die für die Durchsetzung der Urteile verantwortlich sind) entsenden ihre Truppen gewöhnlich nur, wenn es für sie vorteilhaft ist.

Doch Maximilian will den Landfriedensbrecher unbedingt exemplarisch bestrafen. Er bittet Fürsten und Städte um Hilfe. Die missbilligen zwar den

KANONEN HABEN die Mauern einer Stadt zertrümmert, die Sieger ziehen in sie ein. Und auch die Burgen der Ritter halten modernen Geschützen nicht stand. Damit ist die steinerne Festung, zentrales Symbol ihres Standes, obsolet geworden

Rechtsbruch des Adelsmannes, doch scheuen sie die Kosten eines Feldzugs, dessen Ausgang angesichts der vielen Söldner Sickingens ohnehin ungewiss ist.

Bald darauf stellt auch Maximilian die Verfolgung des Ritters ein, weil er gerade Krieg gegen Frankreich führt – und die Hilfe des Kriegsunternehmers vielleicht bald brauchen wird. Und so kann Franz seinen Kampf gegen Worms ungehindert fortführen: Er zieht mit 6000 Landsknechten und 1100 Reitern vor die Mauern der Stadt und lässt sie mit Artillerie unter Feuer nehmen.

Zwar vermag die Wormser Bürgerwehr seine Truppen von einem Sturmangriff abzuhalten, aber die Stadtmiliz ist nicht stark genug, um sie zu vertreiben.

Und so erzwingt der Ritter von der Stadt schließlich eine Zahlung von 15 000 Gulden – so viel, wie zehn Burgen kosten. Franz verschafft sich damit im gesamten Land Respekt.

1516 unterstützt er einen anderen Edelmann bei einer Fehde gegen den Herzog von Lothringen und verheert mit 1000 Reitern dessen Ländereien.

Dabei fällt der Krieger einem Verbündeten des Lothringers auf: Frankreichs König Franz I., der gegen Maximilian I. nach militärischen Verbündeten in Deutschland sucht (unter anderem weil er das ursprünglich zum Reich gehörende Herzogtums Mailand, das er 1516 erobert hat, dauerhaft halten will).

Der Monarch empfängt Franz in seiner Residenz, beschenkt ihn reich und sichert sich gegen einen Jahressold von 2000 Franken seine Unterstützung.

Dieses Bündnis ist für Maximilian I. so gefährlich, dass er es nun für ratsam hält, den Ritter auf seine Seite zu ziehen: Er nimmt die Reichsacht gegen Sickingen offiziell zurück und engagiert ihn gegen beträchtlichen Sold.

Rechtlich ist Franz nun vollkommen rehabilitiert, obwohl er weiterhin zu Fehden auszieht. Und sein königlicher Dienstherr ermahnt den Adeligen nur noch selten zur Mäßigung.

Als Maximilian 1519 stirbt, bemüht sich auch sein Nachfolger Karl V. sofort um den Söldnerführer. Noch vor seiner Krönung nimmt er ihn für eine jährliche Pension von 3000 Gulden in seine Dienste – ohne ihn persönlich zu kennen.

°

IN DIESEN JAHREN wird das Land von einer Welle des Protestes erschüttert. Ein Aufstand bricht sich Bahn – in Glaubensfragen. 1517 hat der Augustinermönch Martin Luther seine Thesen gegen den Ablasshandel der Kirche formuliert. Er fordert eine grundlegende Erneuerung, bezweifelt gar die Autorität des Papstes. Und entfesselt eine Revolution, die Deutschland entzweit.

Luthers Vorstoß wird auch zur Machtfrage: Franz und andere Ritter sehen in der religiösen Umwälzung eine Chance, die römische durch eine unabhängige deutsche Reichskirche zu ersetzen, so den Kaiser zu stärken und ihre Feinde, die Landesherren, zu schwächen.

Für den Ritter (und Dichter) Ulrich von Hutten sind die altgläubigen Kleriker grundsätzlich eine Geißel. Mit polemischen Streitschriften führt er einen Kampf gegen die Papstkirche, deren Ausschweifungen, Prachtentfaltung und Verschwendung. Die „römischen Goldsauger" hätten „die Reinigkeit der jungfräulichen Kirchen geschändet und verunreinigt", die deutschen Lande zudem mit hohen Geldforderungen ausgezehrt.

Franz und Ulrich sind befreundet. Seit sich Sickingen für einen Gelehrten eingesetzt hat, der im Streit mit Rom liegt und die päpstliche Inquisition fürchten muss, verehrt ihn Hutten.

Er nennt ihn „edel, starkmütig und ehrenfest", erklärt ihn zu einem deutschen Freiheitshelden, versteigt sich sogar dazu, in dem Soldritter den wahren Anführer der Reformation zu sehen. Burgen, in denen der Ritter auch einigen bedrängten reformatorischen Theologen Unterschlupf gewährt, verklärt Ulrich zu „Herbergen der Gerechtigkeit".

Eine ungewöhnliche Allianz. Denn niemand kann sagen, ob Franz wirklich von Luthers Botschaft ergriffen ist. Ge-

WIDER DAS GEWALTMONOPOL

Das Verbot der Fehde macht viele Ritter zu Kriminellen

Wie Franz von Sickingen bestehen auch im ausgehenden Mittelalter viele Ritter auf ihrem traditionellen Recht zur Selbstjustiz: zur Fehde. Und wie Franz nutzen etliche dieses Recht, um sich schlicht selbst zu bereichern – unter anderem, weil ihre Dienste als Krieger kaum noch gefragt sind und sie als Gutsherren nicht mehr genug Geld verdienen.

Schon ab etwa 1350 klagen Kaufleute und Wanderer in deutschen Landen über Ritter, die sie auf offener Straße überfallen und sich nach den Beutezügen in die eigenen Burgen zurückziehen. Mitunter nehmen sie Geiseln, um Lösegeld zu erpressen.

Als im 15. Jahrhundert Landesfürsten und auch Städte versuchen, ein allgemein gültiges Gewaltmonopol durchzusetzen, und der König die Fehde verbietet, werden diese Ritter damit offiziell zu Rechtsbrechern. Denn nun gilt jeder eigenmächtige Gewaltakt als gesetzeswidrig.

Im 19. Jahrhundert werden Historiker für die Männer, die eigentlich nur tun, was sie immer getan haben, einen eigenen Begriff prägen: „Raubritter".

mein ist den beiden Rittern, dass es gegen die katholische Kurie geht. Und gegen deutsche Landesfürsten, die dem König immer mehr Macht und Mitsprache abtrotzen und die Adeligen gängeln.

Im Sommer 1521 zieht Franz für Karl V. gegen Frankreich. Doch bald bezichtigen ihn Karls Beamte des Ungehorsams und Verrats – zu Unrecht. Dennoch muss er seinen Abschied nehmen und bleibt mit Kriegskosten von mehr als 76 000 Gulden zurück.

LITERATURTIPPS

KLAUS EBERHARD WILD
»Franz von Sickingen«
Kompakte Biografie über den Ritter (Sutton).

WERNER PARAVICINI
»Die ritterlich-höfische Kultur des Mittelalters«
Enzyklopädische Darstellung des europäischen Rittertums (Oldenbourg).

Der Soldritter hat Kredite aufgenommen, um sein Heer anwerben zu können, in der Hoffnung auf spätere Entlohnung, die nun ausbleibt. Zusammen mit einem Darlehen, das er seinem stets in Geldnöten befindlichen Herrscher früher gewährt hatte, schuldet Karl V. ihm inzwischen 100 000 Gulden.

Solche Summen bringen selbst den reichen Ritter Sickingen in Verlegenheit. Plötzlich ist sein Geschäft in Gefahr. Denn bisher diente jeder Kriegseinsatz dazu, den nächsten Beutezug zu finanzieren. Franz benötigt Einnahmen.

Und vielleicht kann er die Not seiner Standesgenossen und die Aufruhrstimmung im Land mit dem Kampf für die eigenen Interessen verbinden.

IM SOMMER 1522 lädt Franz die Ritter aus dem Südwesten des Reiches nach Landau – in eine Stadt, deren Bürger und Magistrat sich bereits der Lehre Martin Luthers angeschlossen haben. Aus dem Kraichgau kommen die Ritter Stefan von Fenningen und Wilhelm von Sternenfels, aus dem Hunsrück und der Nahe Heinrich Schwarzenberg und Melchior von Rüdesheim, aus dem Grenzgebiet zu Frankreich Philipp Kämmerer von Worms und Friedrich von Flersheim, vom Oberrhein Jörg von Bach und Wolf von Windeck – sowie Hunderte mehr. Sie wollen ein Bündnis schmieden, erhoffen sich mehr ritterliche Einigkeit und vor allem politisches Gewicht.

Die Satzung der „brüderlichen Vereinigung“ vom 13. August 1522 ist auf den ersten Blick ein Regelwerk zur Beilegung von Konflikten unter Standesgenossen. Streitigkeiten mit anderen Ständen sollen Gerichte schlichten, die paritätisch mit Vertretern von Rittern und Fürsten (oder Städten) besetzt sind.

Die Autorität des Reichsgerichts erkennen die Versammelten dagegen nicht an, da sie keinen Standesgenossen in diese Kammer entsenden dürfen.

Das aber ist ein direkter Angriff auf die Rechtsordnung des Reiches – und eine subtile Drohung an die Fürsten und Städte, zumal die Ritter den unberechenbaren Franz an ihre Spitze wählen.

Ein offizielles militärisches Bündnis bringt das Treffen zwar nicht hervor, aber im Verborgenen scheint Sickingen mit jenen, denen er vertraut, über den nächsten Schachzug gesprochen zu haben.

Denn nun baut er in den folgenden gut 14 Tagen mit dem Kapital, über das er noch verfügt, eine neue Streitmacht auf. Er hat einen Plan, wie er sich mit

MIT 1500 REITERN und 7000 Fußsoldaten zieht Franz von Sickingen gegen die Stadt Trier, der er die Fehde erklärt hat. Zu einer offenen Feldschlacht, wie auf diesem zeitgenössischen Holzschnitt gezeigt, kommt es jedoch nicht: Franz kann die Stadt nicht stürmen und muss abrücken. Angesichts der feindlichen Übermacht flieht er auf seine Burg Nanstein – wo er bald seinerseits angegriffen wird

einem spektakulären Schlag aus seinen Geldnöten befreien kann: Er will eine Fehde gegen einen der mächtigsten Fürsten des Reichs führen.

Schwer zu sagen, ob es ihm dabei vor allem ums Geld geht – oder auch um eine Demonstration ritterlicher Macht. Vermutlich um beides.

Am 27. August 1522 schickt Franz einen Boten an den Trierer Erzbischof. Der Kleriker ist einer der einflussreichsten Männer der deutschen Lande, zählt zu den sieben Kurfürsten, die den König wählen.

Wieder ist der Vorwand für die Fehde vergleichsweise geringfügig: Zwei Trierer Bürger schulden dem Söldnerführer Geld (aufgrund einer Verwicklung, die er wahrscheinlich selbst eingefädelt hat). Weil die Zahler säumig sind und auf den zähen Rechtsweg bestehen, rüstet der Ritter zum Angriff.

Er wirbt 1500 Reiter und 7000 Fußknechte an, dazu Kanoniere mit Geschützen. Zudem folgen ihm noch von dem Treffen in Landau aus etliche Standesgenossen, für deren Freundschaftsdienste er nicht zahlen muss.

Am 8. September steht er mit seinem Heer vor den Toren Triers. Er glaubt, leichtes Spiel zu haben – es soll Zerwürfnisse geben zwischen dem Fürstbischof und den Bürgern.

Doch Franz irrt. Der Trierer Erzbischof ist auf den Angriff bestens vorbereitet und hat zudem bereits 1518 ein Verteidigungsbündnis mit dem Landgrafen von Hessen und dem Kurfürsten der Pfalz geschlossen. Drei Territorialherren finden sich nun zusammen, um sich gegen die lästigen und widerrechtlichen Fehden des berühmtesten Ritters im Reich und seiner Genossen zu wehren.

An der Mosel bahnt sich ein Lagerkampf an, der nicht nur über die Zukunft des Söldnerführers entscheidet.

Am 9. September gibt Franz seinen Kanonieren Befehl, eines der Stadttore unter Feuer zu nehmen. Doch der Beschuss zeigt kaum Wirkung, Mauerwerk

HINRICHTUNG EINES aufständischen Ritters: Die herausgeforderten Fürsten schlagen die Rebellion Franz von Sickingens mit aller Härte nieder. Zwei seiner Burgen werden zerstört, etliche Mitverschwörer hingegen kommen mit hohen Geldstrafen davon

und die Flügel des Portals sind zu mächtig. Noch in der Nacht lässt Franz seine Artillerie an eine andere Stelle der Stadtmauer verlegen, doch auch dort gelingt es seinen Schützen nicht, eine entscheidende Bresche freizuschießen.

Verärgert weist er seine Männer am nächsten Abend an, Brandsätze auf Trier zu feuern. Zwei Tage dauert das Bombardement. Doch kein Feuer breitet sich aus – wohl weil die Wachen zu aufmerksam sind und alle aufflackernden Brandherde sofort ersticken.

Mehrmals setzt der Ritter seine Geschütze nun an verschiedenen Stellen ein. Fordert schließlich 200 000 Gulden für die Einstellung der Kämpfe. Dann, am 14. September, zieht er plötzlich ab.

Denn Boten haben ihm zugetragen, dass Truppen der Verbündeten Triers im Anmarsch sind. Das Vabanquespiel ist nicht aufgegangen. Die Stadt hat Franz von Sickingen getrotzt, und er steht mit leeren Händen da. Der Nimbus des gefürchteten Ritters und Söldnerführers hat Schaden genommen.

Plündernd und sengend zieht Franz aus dem Kurfürstentum ab. Jenseits der Grenzen löst er sein Heer fast vollständig auf und bezahlt es wohl mit Krediten, die ihm Freunde beschafft haben, sowie mit Geld aus noch offenen Forderungen, die er nun überall eintreiben lässt. Mit einer Resttruppe begibt er sich zur Ebernburg, dem Stammsitz seiner Familie. Dort wartet er auf den nächsten Zug seiner Gegner.

Fortan ist er der Gejagte. Denn im Oktober 1522 verhängt das Reichsregiment, ein Gremium der Reichsfürsten und Städte, erneut die Acht über ihn.

Seine Gegner werben Truppen an. Auch Franz versucht noch einmal, seine fränkischen Standesgenossen zu mobilisieren: Die Reichsfürsten, so schreibt er ihnen, „wollen alle von der Ritterschaft mit Gewalt ihrem Willen unterwerfen".

Doch kaum jemand eilt ihm zur Hilfe – das Reichsregiment hat sie davor gewarnt, den Landfriedensbrecher zu unterstützen. Franz von Sickingen steht fast allein da. Die Machtverhältnisse haben sich endgültig verschoben.

Am 22. April 1523 sammeln die Fürsten aus Trier, Hessen und der Pfalz ihre Truppen bei Kreuznach. Mit 3000 Mann rücken sie gegen die nahe gelegene Burg Nanstein vor, in die sich der Soldritter inzwischen zurückgezogen hat.

Mit 46 Geschützen bombardieren sie vom 30. April an die Mauern, die einem solchen Beschuss nicht gewachsen sind. Keiner seiner Männer, so schreibt Franz in einem Brief, habe „dergleichen Schießen" jemals gehört.

Am 6. Mai gibt er das Zeichen, dass er bereit ist, über eine Aufgabe zu verhandeln – die Burg ist inzwischen sturmreif geschossen, Franz von einem herabstürzenden Balken schwer verwundet.

Als der Trierer Erzbischof und die beiden anderen Fürsten die Feste einen Tag später betreten, finden sie ihn mit aufgerissenem Leib in einem dunklen Gewölbekeller liegen.

„Franz, was hat dich verursacht und bewegt, mich und meine armen Leute mit Krieg zu überziehen und schädigen?", fragt ihn der Trierer Kurfürst.

Die knappe Antwort des Schwerverletzten: „Darüber wäre viel zu reden. Ein andermal. Nichts ohne Ursache."

Wenig später stirbt Franz von Sickingen an seinen Verletzungen.

Die verbündeten Fürsten aus Trier, Hessen und der Pfalz erstürmen auch seine anderen Burgen, plündern sie und reißen sie teilweise nieder.

Im Juni ergeben sich die letzten Getreuen auf der Ebernburg. Die Alliierten lassen den Stammsitz der Sickinger komplett abtragen und teilen den Besitz des Aufrührers unter sich auf.

Dann gehen sie gegen die Unterstützer des Söldnerführers vor, doch kommen viele mit einer Geldstrafe davon – denn inzwischen bedrohen die Osmanen das Reich im Südosten, und man braucht die Hilfe der erfahrenen Kämpfer.

Franz von Sickingen stirbt als der letzte Ritter, der es gewagt hat, mit den traditionellen Mitteln seines Standes – dem Kampf, der Fehde – die Politik des Reiches zu beeinflussen, für die Interessen der Ritter zu streiten.

Zwar dauert es noch bis Mitte des 16. Jahrhunderts, ehe die letzten ritterlichen Händel enden. Doch dann greift der Landfrieden, ist das Gewaltmonopol der Landesherren weitgehend etabliert.

DIE WELT DES FRANZ VON SICKINGEN

IMMER WIEDER terrorisiert Franz von Sickingen das Gebiet um seine Festungen Nanstein und Ebernburg mit Fehden. So überfällt er unter anderem die Reichsstadt Metz und zwingt die Städte Worms und Frankfurt zur Zahlung hoher Lösegelder

SO ENDET DIE ZEIT der Ritter. Die schweren Panzerreiter, die die Geschicke Europas über Jahrhunderte geprägt haben, die als Glaubenskrieger ins Heilige Land und an die anderen Ränder der Christenheit gezogen sind, die einen neuen Adelsstand geformt haben und eine eigene höfische Kultur erschufen, haben ihre Dominanz endgültig verloren.

Einigen Mitgliedern des Ritterstandes aber wird es gelingen, sich in die Zeit der stehenden Heere und mächtigen Territorialstaaten einzufügen. Als Mitglieder der Offizierskorps (die bis zum Ersten Weltkrieg fast ausschließlich aus Adeligen rekrutiert werden) lassen sie im Dienste von Fürsten, Königen und Kaisern Armeen aufmarschieren, schicken die Artillerie ins Feld und kommandieren die Infanterie.

Bald schon begründen Herrscher wie Preußens König Friedrich der Große sogar neue Ritterschaften, etwa die des Ordens Pour le Mérite („Für das Verdienst"), in den vor allem besonders tapfere Offiziere aufgenommen werden.

Auch viele Rittergüter bleiben unter Schutz von Kaiser und König noch jahrhundertelang als autonome Gebiete bestehen – und sie genießen eine Unabhängigkeit, zu der die zähen Kämpfe des Franz von Sickingen womöglich beigetragen haben.

Und schließlich sind es nicht zuletzt die von den Rittern so erbittert bekämpften Landesfürsten, die deren Kultur vor dem Untergang retten. So wird etwa das Turnier – in kunstvoll stilisierter Form – zum Bestandteil mancher Fürstenhochzeit und vieler bedeutender Hoffeste.

Unter Adeligen, aber auch unter Bürgern bleibt das Interesse, ja die Begeisterung für die Kampftechnik der Reiterkrieger, für ihre Fehde und die ritterliche Minne auch nach Ende des Mittelalters ungebrochen. Eine wachsende Zahl von Ritterromanen zeugt nach der Erfindung des Buchdrucks davon.

Das stärkste Vermächtnis der mittelalterlichen Reiterkrieger aber offenbart sich vielleicht in der Sphäre des Ungreifbaren: in einem Kodex von Tugenden und Verhaltensweisen, orientiert an Begriffen wie Ehre, Loyalität, Anstand und dem Einsatz für eine höhere Sache.

Aus dem einst überaus handfesten Rittertum wird so im Laufe der Jahrhunderte ein scheinbar überzeitlicher und zugleich flüchtiger Wert.

Die Ritterlichkeit. ◊

IN KÜRZE

Um ihrer schwindenden Bedeutung entgegenzuwirken, gründen 600 deutsche Ritter, die wie viele Angehörige ihrer Kaste ihren militärischen Stellenwert verloren haben und ihren Lebensstil nicht mehr finanzieren können, 1522 einen Bund, der Einigkeit ihres Standes und mehr Einfluss im Reich schaffen soll. Ihr Anführer Franz von Sickingen erklärt bald darauf dem Erzbischof von Trier die Fehde – doch die wird niedergeschlagen. Es ist das Ende des politischen Gewichts des Rittertums in Deutschland.

AUS DER REDAKTION

FACHBERATER

Dr. Alexander Berner

Der Mittelalterspezialist ist ein alter Bekannter. Zum dritten Mal hat er die Redaktion jetzt schon beraten. Nach den Heften über die Kreuzzüge und die Inquisition widmete er sich diesmal mit kritischem Blick einer ewigen Leidenschaft: Seit der Kindheit, so Berner, lasse ihn das Rittertum nicht los, dieser „Dauerbrenner aus Mut und Minne, Kühnheit und Kriegstreiberei, Fehde und Frömmigkeit".

ILLUSTRATIONEN

Tim Möller-Kaya

Mit dem Bleistift in der Hand sei er aufgewachsen, meint der Hamburger. Lieblingsthemen seiner jungen Jahre: Katastrophen wie etwa Schiffsuntergänge – natürlich mit Haien im Wasser. Für diese Ausgabe hat er die Geschichte eines menschlichen Raubtiers illustriert: die Serienmorde des französischen Ritters Gilles de Rais (Seite 94).

KARTOGRAPHIE

Stefanie Peters

Eine Route fand die Geographin besonders bizarr: die jener Ritter, die sich alljährlich trafen, um Heiden zu bekämpfen (Seite 81).

HEFTKONZEPT

Jens-Rainer Berg

Treue, Hilfe für die Schwachen, Höflichkeit. Der für dieses Heft verantwortliche Textredakteur war erstaunt, welchem Zweck die ritterlichen Tugenden vor allem dienten: eine hoch militarisierte und gewalttätige Adelsgruppe zu disziplinieren. Mit gemischtem Erfolg übrigens.

AUTORIN

Katharina von Ruschkowski

Das „von" in ihrem Namen verdankt die Ostwestfälin mit einiger Wahrscheinlichkeit ritterlichen Vorfahren ihres Mannes: polnischen Panzerreitern.

FÜR ALLE, DIE ES GENAU WISSEN WOLLEN

Seit nunmehr bald 20 Jahren präsentiert GEO*EPOCHE* Zeitreisen in vergangene Epochen.
Hier ein Überblick der seit 2014 erschienenen Ausgaben

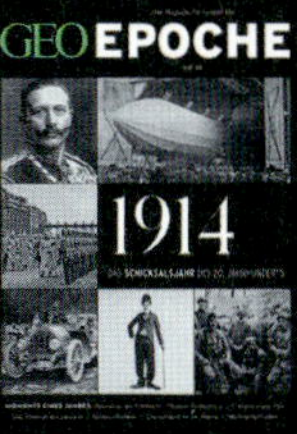

65

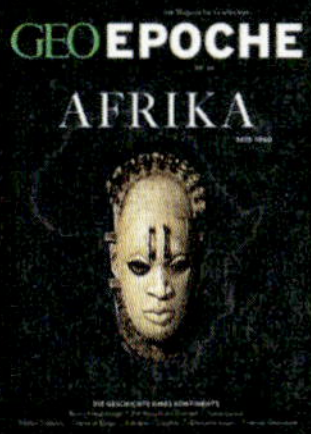

66

67

68

69

70

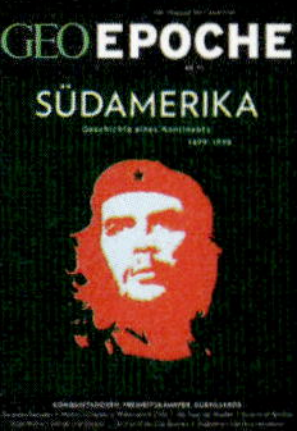

71

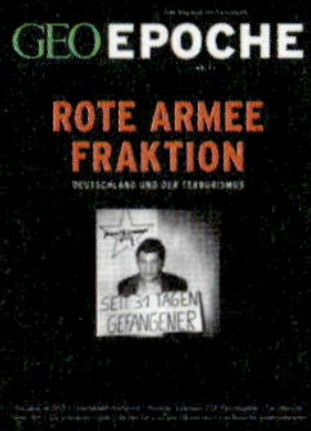

72

73

74

75

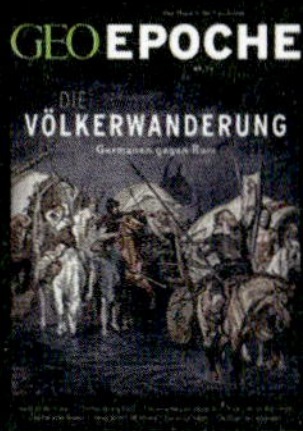

76

77

78

79

80

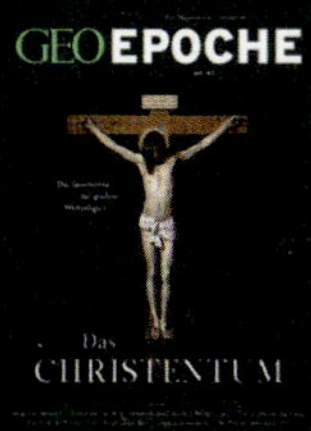

81

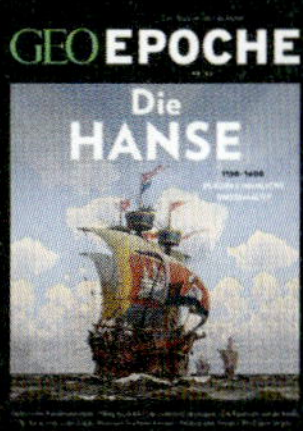

82

83

84

85

86

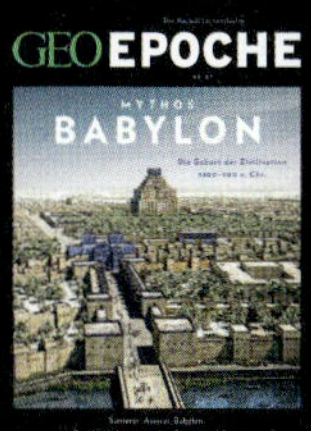

87

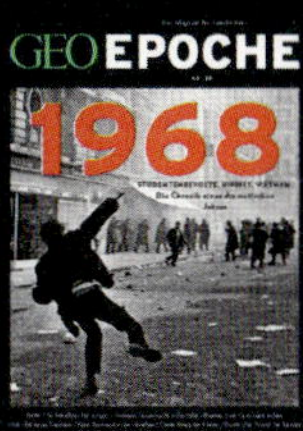

88

89

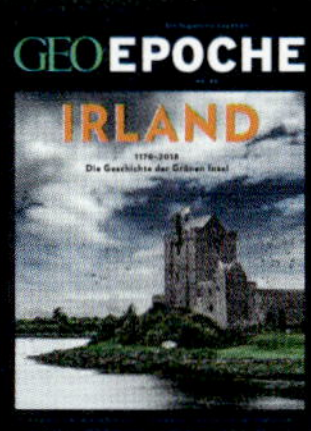

90

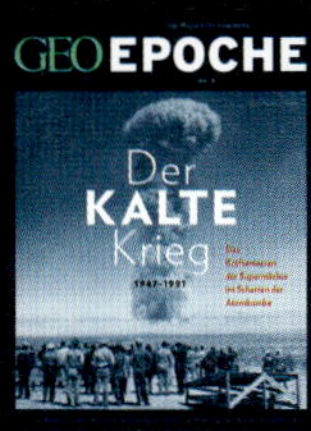

91

92

93

Ihnen fehlt ein älteres Heft – oder Sie möchten keines mehr verpassen? Dann schließen Sie ein Abonnement ab oder bestellen noch erhältliche Ausgaben unter **040 / 55 55 89 90** oder auf **www.geo-epoche.de/abo**

GEOEPOCHE

GEO WISSEN GESUNDHEIT

BESSER SCHLAFEN

Fast jeder zweite Deutsche klagt über zeitweilige Schlafprobleme. Doch so weit muss es nicht kommen. Die neue Ausgabe von GEO WISSEN GESUNDHEIT präsentiert einen aktuellen Überblick über hilfreiche Therapien, besondere Entspannungstechniken und wirksame Naturheilmittel.

DAS HEFT hat 172 Seiten Umfang und kostet 11,50 Euro, mit DVD (»Rätsel der Nacht«) 16,50 Euro. Einige Themen: Die perfekte Matratze • Was bei Schnarchen wirklich hilft • Die 10 Regeln der Schlafhygiene

GEOkompakt

DIE SUCHE NACH DEM ICH

Das aktuelle Heft erklärt, wie das Gehirn unsere Persönlichkeit erschafft, auf welche Weise uns das Unterbewusstsein durchs Leben steuert, ob Frauen anders denken als Männer, wie das digitale Leben unsere Selbstwahrnehmung verändert. Aber auch: wie wir zu uns selbst finden können und mehr Souveränität erlangen.

DIE AUSGABE ist 156 Seiten stark und kostet 10 Euro, mit DVD (»Die Kraft der Intuition«) 16,50 Euro. Weitere Themen: Wie das Ich entsteht • Die Macht der Familie • Wege aus der Einsamkeit • Die Bausteine der Gedanken

GEO*EPOCHE* EDITION

FÜR SEINE KUNST zahlt van Gogh einen hohen Preis

DIE GROSSEN MALER 1800–1987

Im zweiten Teil seiner Reise durch die Kunstgeschichte präsentiert GEO*EPOCHE* EDITION in großen Porträts die bedeutendsten Maler der Moderne – angefangen bei dem deutschen Romantiker Caspar David Friedrich, dem Engländer William Turner und den japanischen Meistern Katsushika Hokusai und Utagawa Hiroshige über den französischen Impressionisten Claude Monet, den Niederländer Vincent van Gogh und die Jugendstilkünstler Henri de Toulouse-Lautrec und Gustav Klimt bis zum Surrealisten Salvador Dalí sowie Pablo Picasso, dem wohl einflussreichsten Künstler des 20. Jahrhunderts. Abgeschlossen wird die Galerie von vier revolutionären Amerikanern: dem malenden Schamanen Jackson Pollock, den Experimentierern Jasper Johns und Robert Rauschenberg sowie dem Pop-Art-Künstler Andy Warhol.

Der zweite Teil von **GEO*EPOCHE* EDITION** über »Die großen Maler« hat einen Umfang von 156 Seiten im Großformat und kostet 16,50 Euro

GEO*EPOCHE* KOLLEKTION

DER DREISSIGJÄHRIGE KRIEG

JAHRZEHNTELANG ziehen Heere raubend und mordend durch Deutschland

Der Krieg will einfach nicht enden. Seit böhmische Adelige am 23. Mai 1618 Beamte des Kaisers aus der Prager Burg gestürzt haben und sich daraufhin die schon lange schwelende Fehde zwischen Katholiken und Protestanten im Heiligen Römischen Reich offen entzündete, ringen Herrscher beider Konfessionen um die Macht in der Mitte Europas: Österreicher, Dänen, Schweden, Spanier und Franzosen fechten auf deutschem Boden. Söldner plündern, brandschatzen, töten. Erst die Erschöpfung zwingt die Kriegsparteien zum Verhandeln. Jahrelang beraten die Delegierten. Und schließen 1648 den Westfälischen Frieden. GEO*EPOCHE* KOLLEKTION über den Dreißigjährigen Krieg – einen Kampf um Glaube und Macht, der den Kontinent veränderte.

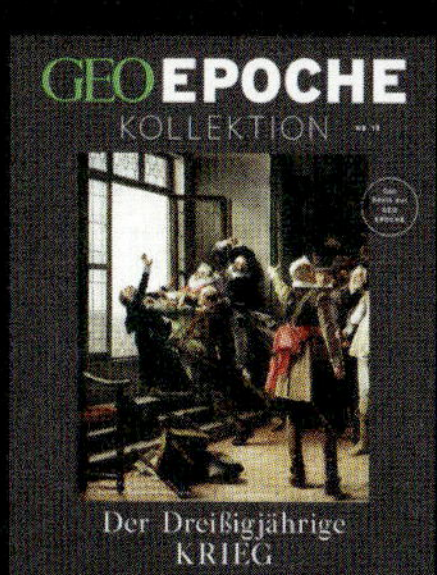

GEO*EPOCHE* KOLLEKTION »Der Dreißigjährige Krieg« ist 196 Seiten dick und kostet 13,50 Euro. Weitere Themen: Auslöser – Luthers Reformation • Hamburg im Krieg • Der Kampf zur See • Der Schrecken in den Dörfern

GEOEPOCHE
Das Magazin für Geschichte

CHEFREDAKTEUR: Michael Schaper
STELLVERTRETENDER CHEFREDAKTEUR: Dr. Frank Otto
ART DIRECTION: Tatjana Lorenz
TEXTREDAKTION: Jens-Rainer Berg (Konzept dieser Ausgabe), Insa Bethke, Dr. Anja Fries, Samuel Rieth, Johannes Teschner
AUTOREN: Jörg-Uwe Albig, Dr. Mathias Mesenhöller
BILDREDAKTION: Christian Gargerle (Leitung), Roman Rahmacher
VERIFIKATION: Lenka Brandt, Olaf Mischer, Alice Passfeld, Andreas Sedlmair
LAYOUT: Dennis Gusko, Eva Mitschke
WISSENSCHAFTLICHE BERATUNG: Dr. Alexander Berner
KARTOGRAPHIE: Stefanie Peters
CHEF VOM DIENST / SCHLUSSREDAKTION: Dirk Krömer
REDAKTIONSASSISTENZ: Ümmük Arslan; Anastasia Mattern, Thomas Rost (Buchrecherche)
CHEF VOM DIENST TECHNIK: Rainer Droste
HONORARE: Andreas Koseck
GESCHÄFTSFÜHRENDE REDAKTEURIN: Maike Köhler
Verantwortlich für den redaktionellen Inhalt: Michael Schaper

PUBLISHER: Dr. Gerd Brüne, Florian Gless
SALES DIRECTOR: Franziska Bauske / DPV Deutscher Pressevertrieb
EXECUTIVE DIRECTOR DIRECT SALES: Heiko Hager, G+J Media Sales
Verantwortlich für den Inhalt der Beilagen: Daniela Porrmann – Director Brand Solutions G+J e I MS, Am Baumwall 11, 20459 Hamburg
Es gilt die jeweils gültige Anzeigen-Preisliste unter www.gujmedia.de
MARKETING: Pascale Victoir
HERSTELLUNG: G+J Herstellung, Heiko Belitz (Ltg.), Oliver Fehling

Gruner + Jahr GmbH
Sitz von Verlag und Redaktion: Am Baumwall 11, 20459 Hamburg. Postanschrift der Redaktion: Brieffach 24, 20444 Hamburg.
Telefon: 040 / 37 03-0, Telefax: 040 / 37 03 56 48, Internet: www.geo-epoche.de

Heftpreis: 12,00 Euro (mit DVD: 18,50 Euro)
ISBN: 978-3-652-00745-0;
978-3-652-00739-9 (Heft mit DVD)
ISSN-Nr. 1861-6097

Bankverbindung: Deutsche Bank AG Hamburg, IBAN: DE 30 2007 0000 0032 2800 00, BIC: DEUTDEHH
Litho: 4mat Media, Hamburg
Druck: appl druck GmbH, Senefelderstraße 3–11, 86650 Wemding
Printed in Germany

GEO-LESERSERVICE

FRAGEN AN DIE REDAKTION
Telefon: 040 / 37 03 20 84,
Telefax: 040 / 37 03 56 48
E-Mail: briefe@geo-epoche.de
Die Redaktion behält sich die Kürzung und Veröffentlichung von Leserbriefen auf www.geo-epoche.de vor.

ABONNEMENT- UND EINZELHEFTBESTELLUNG
Online-Kundenservice: www.geo.de/kundenservice
Telefon: 0049 / 40 / 55 55 89 90
Service-Zeiten: Mo–Fr 7.30 bis 20.00 Uhr, Sa 9.00 bis 14.00 Uhr
Postanschrift: GEO*EPOCHE* Kundenservice, 20080 Hamburg

Preis Jahresabo: 72,00 € (D), 81,00 € (A), 114.00 sfr (CH)
Abo mit DVD: 105,00 € (D), 120,00 € (A), 174.60 sfr (CH)
Studentenabo: 43,20 € (D), 48,60 € (A), 68.40 sfr (CH)
mit DVD: 66,60 € (D), 77,40 € (A), 118.80 sfr (CH)
Preise für weitere Länder auf Anfrage erhältlich

BESTELLADRESSE FÜR GEO-BÜCHER, GEO-KALENDER, SCHUBER ETC.
Anschrift: GEO-Versand-Service, 74569 Blaufelden
Telefon: +49 / 40 / 42 23 64 27
Telefax: +49 / 40 / 42 23 64 27
E-Mail: guj@sigloch.de

FOTOVERMERK NACH SEITEN

Anordnung im Layout: l.= links, r.= rechts. o.= oben. m.= Mitte. u.= unten

TITEL: Photocase/imago stock
EDITORIAL: Benne Ochs für GEO*EPOCHE*: 3 o.; Wallace Collection, London; UK/Bridgeman Images: 3 u.
INHALT: Graham Turner/Osprey Publishing/akg-images: 4 l. o., PHOTOAISA/INTERFOTO: 4 l. m., 4 r. m., The Royal Armouries Museum: 4 l. u., Bildarchiv Hansmann/INTERFOTO: 4 r. u., Slawek Staszczuk/Loop Images/laif: 4/5 o., bpk: 5 u.
DIE ZEIT DER RITTER: Stefanie Peters für GEO*EPOCHE*: 6/7
VON MACHT UND GEWALT: ClickAlps/CuboImage/mauritius images: 8/9, Eric Kolly/Alamy Stock Photo: 10/11, P. Royer/blickwinkel: 12/13, Karl Thomas/Fotex: 14/15, Slawek Staszczuk/Loop Images/laif: 16/17, Shutterstock: 18/19, 22/23, Johannes Pistorius/mauritius images: 20/21
DAS LEBEN ALS KAMPF: PHOTOAISA/INTERFOTO: 24/25, Stefanie Peters für GEO*EPOCHE*: 27; akg-images: 27 o., FALKENSTEINFOTO/Alamy Stock Photo: 27 u., Kharbine-Tapabor/Bibliothèque de l'Arsenal Paris/The Art Archive: 28/29, Jochen Remmer/RMN/bpk: 30 l., Rene-Gabriel Ojéda/RMN/bpk: 30 r., 31 l., 31 r., Oronoz/Album/akg-images: 32/33, RMN-GP/BnF/bpk: 34, JT Vintage/ Glasshouse Images/INTERFOTO: 35, Staatsbibliothek zu Berlin/ bpk: 36/37
DER WARLORD: Oronoz/Album/akg-images: 41
HINTER STEINERNEN WÄLLEN: Heiner Müller-Elsner für GEO*EPOCHE*: 42/43, 45 o., 45 m., 45 u., 46 o., 46 m., 49 o., 49 m., 50 u., 52 m., Gerhard Schwätzer/Verein zur Erhaltung der Isenburg e.V.: 44, Universal History Archive/UIG /akg-images: 53
UM RUHM. UND EHRE. UND UM GELD Graham Turner/Osprey Publishing/akg-images: 56/57,62; Angus McBride © Osprey Publishing: 58/59, 66/67; Graham Turner © Osprey Publishing: 61, 64 u., 65; Graham Turner/Osprey Publishing/akg-images: 60 o., 60 u., 64 o., 68 o., 68 u.; Print Collector/Getty Images: 67
DER KREUZFAHRER: ddp images: 71
IM REICH DER ORDENSKRIEGER: Zbigniew Nalepka: 72/73; Julis Simo: 74/75; Artur Bociarski/stock.adobe.com: 76/77; Stefanie Peters für GEO*EPOCHE*: 78, 81; Patryk Kosmider/stock.adobe.com: 78/79; Wolfgang Korall/INTERFOTO: 80/81
DIE FRAU IN WEISS: Austrian National Library/INTERFOTO: 83
DEM MANNE UNTERTAN: Science Source/akg-images: 84; Austrian National Library/INTERFOTO: 87 r. o.; Leemage/Getty Images Creative: 87 l. o.; IFPAD/INTERFOTO: 87 r. u.; Bridgeman Art Library: 87 l. u., 90; Prisma/Fine Art Images: 88, Bildarchiv Hansmann/INTERFOTO: 89
DER AUFSTEIGER: Heritage-Images/The Print Collector/akg-images: 93
HERR DES TODES: Illustrationen von Tim Möller-Kaya exklusiv für GEO*EPOCHE*: 94–105
DER SEERITTER: Austrian National Library/INTERFOTO: 107
IN EISEN GEHÜLLT: The Royal Armouries Museum: 108/109; KHM-Museumsverband: 110/111, 116/117; Wallace Collection,London;UK/Bridgeman Images: 112/113; The Royal Armouries Museum: 114/115
FÜR GELD IN DIE SCHLACHT: Alfredo Dagli Orti/bpk: 118/119; Courtesy of the Ministero Beni e Att. Culturali/Scala/bpk: 121; Nimatallah/akg-images: 122; akg-images: 125; Rabatti & Domingie/akg-images: 126 l. o.; Alinari/INTERFOTO: 126 r. o.; Bridgeman Art Library: 126 u.
DER ROMANCIER: Sammlung Rauch/INTERFOTO: 129
VON PRACHT UND TUGEND: BnF, Dist. RMN-GP/bpk: 132; bpk: 132/133; VISIOARS/akg-images: 134; Bildarchiv Hansmann/INTERFOTO: 135 o.; British Library/akg-images: 135 m., 135 u.; Alamy/Historic Images/mauritius images: 136; Erich Lessing/akg-images: 139 o.; Bridgeman Art Library: 139 m.; Pictures From History/akg-images: 139 u.; Prisma/Album/akg-images: 140; christophel/culture-images: 141; British Library/akg-images: 143; Stefanie Peters für GEO*EPOCHE*: 144
DER ALLESKÖNNER: Peter Fendi/Austrian National Library/INTERFOTO: 147
DER AUFSTAND DES LETZTEN RITTERS: akg-images: 148, 149, 152, 156; Städel Museum/ARTOTHEK: 151; Wallace Collection, London, UK/Bridgeman Images: 153; Carola Seifert/Staatsbibliothek zu Berlin/bpk: 154/155; Stefanie Peters für GEO*EPOCHE*: 157
AUS DER REDAKTION: Privat: 158 l. o.; Möller Kaya für GEO*EPOCHE*: 158 l. u.; Rainer Droste für GEO*EPOCHE*: 158 r. o.; Paula Markert für GEO*EPOCHE*: 158 r. m.; Eva Pradel: 158 r. u.
VORSCHAU: David Turnley/Corbis/Getty Images: 162 r. o.; Pavo Urban/Mirjana Urban: 163 l. o.; LUBOMIR KOTEK/AFP/Getty Images: 163 l. u.; Antoine GYORI/Sygma/Getty Images: 163 r. o.; NurPhoto/ddp: 163 r. u.

Titelbild: Burg Eltz, Rheinland-Pfalz
Kürzungen in **Zitaten** sind nicht kenntlich gemacht.
Redaktionsschluss: 16. November 2018

Alle Fakten, Daten und Karten in dieser Ausgabe sind vom GEO*EPOCHE*-Verifikationsteam auf ihre Richtigkeit überprüft worden.

Im Jahr 1989 fegt ein Sturm über Europa – ein Orkan der Veränderung, der die jahrzehntealte Nachkriegsordnung förmlich fortbläst und einen Kontinent hinterlässt, dessen politische Landkarte neu gezeichnet werden muss.

Denn die friedlichen Revolutionen in der DDR, in Polen, Ungarn, Bulgarien und der Tschechoslowakei lassen den Ostblock zusammenbrechen, bringen das Ende der kommunistischen Supermacht UdSSR sowie Millionen Bürgern die Demokratie – und den Deutschen die Einheit.

Europa wird durch das Epochenjahr 1989 freier. Aber in der Folge auch nationalistischer, krimineller und blutiger.

Der Vielvölkerstaat Jugoslawien etwa zerfällt ab 1991 in einem Krieg, der geprägt ist von erbitterten Kämpfen, ethnischen Säuberungen und den schwersten Kriegsverbrechen in Europa seit dem Ende des Zweiten Weltkriegs.

In Russland herrscht binnen Kurzem ein Raubtierkapitalismus, der eine Handvoll Oligarchen märchenhaft reich macht, aber Millionen verarmen lässt und der den Aufbruch in eine wahre Herrschaft des Volkes schon bald zu einem abrupten Stopp bringt.

In Ländern wie Polen, Ungarn, Albanien und Montenegro weicht die Aufbruchsstimmung der Ernüchterung, kommen schon bald antidemokratische Politiker und sogar offenkundige Kriminelle an die Macht.

Und schließlich erschüttern Moskaus Wiedererstarken und die überaus aggressive und rücksichtslose Innen- und Außenpolitik den Kontinent und bergen die Gefahr einer neuen Konfrontation zwischen Ost und West.

GEO*EPOCHE* zeichnet das Epochenjahr 1989 nach – und beschreibt, wie es Europa bis heute prägt.

Die nächste Ausgabe von GEO**EPOCHE** erscheint am 13. Februar 2019

AM 9. NOVEMBER 1989 fällt die Berliner Mauer, bald darauf sind alle Regimes in Osteuropa am Ende

DUBROVNIK brennt: Im zerfallenden Jugoslawien brechen schwelende Konflikte zwischen den Volksgruppen offen aus; Zehntausende Menschen werden getötet

VOM DISSIDENTEN zum Präsidenten: 1989 wird der ehemalige Regimekritiker Václav Havel zum Staatsoberhaupt der Tschechoslowakei gewählt – kann aber die Teilung des Landes in Tschechien und Slowakei nicht verhindern